基于大智移云技术的财政数字化转型研究

彭　程　王宏利　霍　然　罗建钢　著

机　械　工　业　出　版　社

本书以建设财政大数据智能分析决策平台为目标，从项目的角度，提出了财政数字化转型平台需求规格说明书，并进行了平台总体的技术架构规划、平台架构规划与功能架构规划。本书主要内容包括财政数字化转型平台的背景分析、财政数字化转型项目需求规格说明、基于大智移云技术的财政数字化转型平台总体建设方案、财政数字化转型平台数据中台详细设计、财政数字化转型平台数据智能详细设计、财政数字化转型平台共享系统建设方案、财政数字化转型其他功能设计、财政数字化转型项目管理方案等。

本书可作为财政数据分析人员的参考用书。

图书在版编目（CIP）数据

基于大智移云技术的财政数字化转型研究 / 彭程等著. —北京：机械工业出版社，2021.3

ISBN 978-7-111-67834-2

Ⅰ.①基… Ⅱ.①彭… Ⅲ.①财政管理—数字化—研究—中国 Ⅳ.①F812-39

中国版本图书馆 CIP 数据核字（2021）第 052415 号

机械工业出版社（北京市百万庄大街 22 号　邮政编码 100037）

策划编辑：陈玉芝　责任编辑：陈玉芝　王　博　张雁茹

责任校对：王　欣　封面设计：张　静

责任印制：常天培

北京虎彩文化传播有限公司印刷

2021 年 5 月第 1 版第 1 次印刷

184mm×240mm · 7.25 印张 · 150 千字

0001—1000 册

标准书号：ISBN 978-7-111-67834-2

定价：59.80 元

电话服务　　　　　　　　　　网络服务

客服电话：010-88361066　　机 工 官 网：www.cmpbook.com

　　　　　010-88379833　　机 工 官 博：weibo.com/cmp1952

　　　　　010-68326294　　金 书 网：www.golden-book.com

封底无防伪标均为盗版　　机工教育服务网：www.cmpedu.com

P 前 言
REFACE

    财政是社会的调节器、国家的稳定器，作为实现中国梦进程中不可或缺的部分，财政信息化、决策智能化的发展脚步一直坚定向前。适逢互联网技术不断创新，财政大数据应该以此为契机，借助大数据、机器学习、人工智能、物联网、云计算等技术，将财政运行数字化、财政数据资产化、财政管理在线化、财政分析规模化、财政决策智能化，打造财政大数据智能分析决策平台。

    本书以建设财政大数据智能分析决策平台为目标，平台设计与观点具有前瞻性与创新性，从各个财政部门中汇总财政数字化平台的实际需求，从目前财政数字化研究中提取广大学者在财政领域的观点，然后承前启后，对财政数字化转型的建设需求进行汇总。以此为前提，结合"大智移云"技术创新性地提出建设目标，应用前沿的数据中台、决策智能、财政共享等技术概念，设计整个财政数字化转型平台。平台的实施具有落地性，本书从项目的角度，提出了财政数字化转型平台需求规格说明书，并进行平台总体的技术架构规划、平台架构规划与功能架构规划。平台立足目前开放的数据，目的是将数据采集技术化、数据中台步骤化、数据智能报表化、数据模型应用化、数据门户可视化、项目开发管理规范化。在本书中，读者将会看到完整的财政数字化转型平台设计，包括数据采集的分布式技术与方法，数据存储的建模与规范，机器学习的原理及其在财政分析中的应用，可视化报表的原型设计，项目实施的整体方案等。希望各位读者能从书中受到启发，为财政数字化建设添砖加瓦。

    作者在有限的时间完成本书，略显仓促，且水平有限，书中不足之处在所难免，恳请广大读者批评指正。

作 者

C 目 录
CONTENTS

第 1 章

引　言

　　在全面推进工业信息化的全新时代，各行各业都在进行信息化发展，党和国家领导人也在多个场合提及信息化、数字化、信息网络等概念，并要求大力推进"工业化、信息化、城镇化、农业现代化"四个方面协同发展。当下，信息化发展已然成为各行各业转型发展的趋势，财政领域的信息化也在不断进步。

　　在信息化时代的当下，社会各经济主体的实践活动与相关业务数据的产生是不可分割的，这也导致了海量业务数据爆发式的增长已成常态。尽管这些海量的数据信息看似杂乱无章、毫无关联，但其实通过相应的数据处理，能够发现众多数据之间的关联，从中提取有用的信息，也能将其变为珍贵的数据资源。作为服务经济社会健康发展的保障与基础，财政业务也在每天以兆级的速度产生着不可估量的数据资源，但是由于不同财政业务主体对相关业务数据的处理标准不一致，导致了业务数据统计口径不统一，各级财政部门根据各自情况采集到的财政业务数据有所差异，部门之间数据共享程度低，因此财政业务数据资源的利用率有待提高，价值有待挖掘。

　　针对传统数据处理方式无法解决的大数据现象，利用相应的数据处理手段，能够高效挖掘数据价值信息，并积极促进数据跨领域、跨层级的分享与关联，从而推动社会相关信息资源的有效交互，并提高政府监管部门对相关数据资源使用详情的管控力度，将大数据资源转换为有效的价值信息，以提高社会运行质量，服务人民大众。值得一提的是，以大数据技术为代表的关于财政相关数据处理的信息化手段，对优化各级政府内部控制和业务运行具有重要的推动作用，有利于实现各级政府的财政治理现代化与数字化，并共同推进中国特色财政治理体系的建设。

　　随着财政业务体系的逐渐完善与发展，相应财政数字平台的建设（即针对业务产生数据的处理）显得至关重要。一方面，该平台应当具有高效的数据收集能力，以便对全国范围内各级财政部门的数据进行全面统计，并根据资产负债具体类别进行详细分类；另一方面，通过整合各级财政主体管理的数据库资源，该平台能够实现财政单位与其他金融机构关于特定财政数据资源的共享与关联，以提升数据资源的利用率以及作用广度。此外，财政数字平台所特有的数据分析技术以及数据挖掘模型，整体能够确保财政业务数据价值的最大化，使得原本看似无用的数据资源成为财政监管、政策制定等一系列相关财政活动的数据支撑。

在国家对信息化的大力倡导以及各行各业对信息技术充分利用的共同作用下，以大数据技术为代表的大智移云技术正逐渐成为我国信息化发展的重要推动力，也是信息技术大范围推广的主要工具，对我国政治、经济、社会等各领域都产生了深远的影响。作为信息化水平的重要体现，大智移云技术的推广与使用不仅是财政数字化转型的必经之路，也是我国在中国特色社会主义新时代中迈入更高台阶的强力助推器。随着信息化水平的不断提高与技术成熟，大智移云技术已经逐渐渗透入各个领域的应用中，金融机构借此开展"国家金库工程"研发工作，税务机关以此建设"金税工程"，财政部门则致力于"阳光财政"建设工作，可见不同领域的经济主体部门都致力于数字化转型研究以及相关数字系统的研发，以上建设工作都会牵涉到财政数据管理以及相关核算的功能服务。因此，财政数字化转型已经是不可逆转的趋势，这不仅是财政相关业务部门日常工作的需要，更是众多经济主体对财政数据的强烈需求以及财政数字系统的认可。

具体而言，财政部门关于数字化平台的功能需求主要是整合跨系统的财政数据资源，实现数据统一处理并提供相应的数据可视化服务，以便满足财政业务流程办公需求，优化办公流程，提高办公效率，全面推进财政数字化转型。基于我国信息化发展水平以及财政发展现状，本书针对财政数字化转型具体工作进行了详细研究，旨在解决财政数据管理水平低下、利用率不足的问题，借助大智移云为代表的信息化技术助力财政数字系统建设。主要可以分为以下几个方面的内容：

第1章，引言。简要介绍财政大数据的发展进程，平台提出的背景与意义。随着互联网技术的不断发展，财政数字化也将成为必然趋势，大数据、机器学习、人工智能、5G、云计算、物联网等技术的使用促进了财政数字化平台的发展，有利于解决财政数据采集、存储、挖掘、展示、决策等问题，促进财政决策数据化与智能化。

第2章，财政数字化转型平台的背景分析。主要介绍项目的建设背景与建设目标。本项目是基于财政现实需要提出的，目前，财政数字化的目标不够明确，对非政府部门的重视程度不够。财政数字化制度和统计方法不够完善，数据共享程度低，业务整合难度较大，造成了大量多头操作、分别维护的情况，影响了工作效率。财政收支统计范围不够全面，缺少统一的对外、对内的财政信息系统集成平台，与上下级财政、代理银行等的信息共享程度较低，从而造成了信息无法及时互通的现状，这就需要建设一个财政信息系统集成平台进行统一处理。另外，财政数字化分析框架不够健全，没有建立统一的财政数据仓库，资源配置决策效率较低。政府财政数字化体系与国际标准仍然存在较大差距。因此，需要建立财政数字化转型大数据平台，及时全面地采集财政数据，精准高效地监管财政数据，对财政数据进行预测与挖掘，打造财政数据多维展示报表，实现财政智能应用服务。

第3章，财政数字化转型项目需求规格说明。主要从项目角度，梳理财政数字化转型平台的建设需求与关键技术。从需求层面来看，目前的财政数字化转型平台还不完善，需要在数据采集、数据存储、数据检索、数据分析、数据可视化、数据挖掘、数据决策等方面应用大智移云技术进行相关的提升。为实现这些需求，本书结合目前的大数据与分析技术，使用Flink（数据流执行引擎）技术解决财政数据流式采集与处理的问题，利用 Hive（数据仓库工具）技术解决财政大数据存储与静态数据批量统计分析的问题，利用 HBase（分布式的，面向列的开源数据库）技术解决财政大数据实时读写的问题，利用 MySQL（关系型数据库管理系统）技术解决实时可视化的问题，并结合逻辑回归、随机森林、支持向量机等技术，解决财政数据价值挖掘的问题。在项目设计过程中，遵循标准性、规范化、整体性、成熟性、安全性、可靠性、实用性、灵活性、易用性、集成性、开放性等设计原则进行系统功能设计。在平台开发过程中，使用了数据融合技术、指标设计技术、全文检索技术、可视化技术、分布式采集保存与计算技术、大数据挖掘分析技术。

第 4 章，基于大智移云技术的财政数字化转型平台总体建设方案。主要介绍财政数字化转型平台的部署架构设计、总体架构设计与平台概要设计。整个财政数字化技术部署架构分为数据源、服务器集群数据处理与存储、数据库、API、数据门户 5 个方面，完成财政支出、经济运行、社会发展、精准扶贫等财政相关数据的收集、处理、存储与可视化。根据总体框架的数据内容，可将相关财政数据的反馈结果划分为财政运行、经济效果、社会发展、就业情况、金融风险几大类，并通过 5G 网络通信技术以及 Kafka、Spark 等实时数据采集技术接入到 HBase 数据仓库与全文检索库 ELS。在全文检索库中的数据通过建立索引，实现快速搜索，为财政建立数据仓库。HBase 数据仓库中的财政数据资源通过小时与分钟的聚合，批量导入 Hive 数据仓库中。外部 API（Application Programming Interface，应用程序接口）数据通过 DB（Database，数据库）API 技术，使内部运行数据与财政数据通过 Sqoop 技术非实时地批量接入到 Hive 数据仓库。财政数字化转型平台的总体架构可以根据财政业务的实际需求分为 7 个层次，即资源层、数据源层、采集层、存储层、计算层、档案层、应用层。

第 5 章，财政数字化转型平台数据中台详细设计。主要设计财政数字化转型平台数据中台的采集、存储、数仓建模、数据输出、报表定制等方案。在数据采集过程中，将会规范数据采集方法、明确数据成果的内容需求、成果类型、采集范围，对敏感的文件类型数据应进行加密处理，并预留数据存储扩展接口。在财政数据的存储方案中，将提供数据资源管理、元数据管理、目录管理、备份管理等数据资源管理功能，以及组织人员管理、财政权限管理、日志管理等系统管理功能。数仓建模主要包括数据接入、数仓实施建设、数据 ETL 实施工作、数据准确性校验、数据可视化。数据中台主要实现对所有财政相关数据的管理，是资源检索服务功能的扩展，将对财政政策库资源、研究资料库资源、财政项目及分析测算库、机构与专家库、统计分析数据资源等各种共享资源进行跨区域统一检索和分级呈现，实现一站式跨库检索和数据输出。报表定制支持各类业务表单的数据采集、公式设置、样式设置、报表生成。通过可视化表单定制器，提供表单的定制、导入、预览、打印、导出等多种功能。利用报表定制机制，可以根据业务需要快速定义表单格式，并用于相关业务应用。

第 6 章，财政数字化转型平台数据智能详细设计。主要从财政运行、社会运行、风险分析、形势预测、重点项目等方面进行智能报表详细设计。财政发展情况主要包括当年 GDP、就业数量、供给侧改革、居民收入、消费、投资、贸易等指标。财政运行情况主要通过财政收入、当月财政支出、财政收支缺口、当月税收收入等指标展示，通过省份、时间、财政类型等分类，将衍生同比、环比等数值进行趋势分析、板面分析与区域、财政分布分析。社会运行分析主要是研究影响人类社会内在运动规律的各组成因素的结构、功能及其相互联系。该部分主要分为就业状况、居民收入、精准扶贫 3 部分内容。风险分析主要从财政收入、财政支出、收支缺口、税收收入、财政风险 5 部分的指标展开。形势预测主要分为 GDP（Gross Domestic Product，国内生产总值）预测、投资预测、消费预测、货物与服务进出口预测、通货膨胀率预测、PPI（Producer Price Index，生产价格指数）预测 6 大指标内容。财政收入及重点税收预测指标分析主要分为财政收入预测、国内增值税收入预测、企业所得税预测、国内消费收入预测、进口货物增值税预测、消费税收入预测 6 部分内容。

第 7 章，财政数字化转型平台共享系统建设方案。主要介绍共享系统的总体架构、详细设计与门户设计。财政共享平台的数据层包括两大板块 7 个组成部分。数据层主要分为财政运行与社会发展两个板块。财政运行板块中主要包括财政收入、财政支出、收支缺口、财政风险 4 部分；社会发展板块主要分为就业状况、居民收入、精准扶贫 3 部分。财政运行板块的财政收入部分包括预算收入、基金收入、税收收入等指标；财政支出部分包括公共财政支出、财政基金支出、基建建设支出等指标；收支缺口部分主要包括财政赤字与财政盈余等指标；财政风险部分主要包括政府债务、货币数量、贷款额度等指标。社会发展板块的就业状况部分包括就业指标、就业人数、失业人数、就业需求等指标；居民收入部分包括城镇居民收入、农村居民收入、行业平均月薪、月薪集中趋势等指标；精准扶贫部分主要包括扶贫资金、贫困人口、贫困发生率、贫困县数量等指标。通过相关信息的获取，面向财政的政策决策、财政决策、经济决策、社会决策、风险监控、智能预警、预算管理、决算管理等财政决策主题，根据决策的需求形成不同的多层次决策方案。

第 8 章，财政数字化转型其他功能设计。主要介绍系统管理与扩展接口、系统任务调度、接口规范设计、非系统功能设计。系统管理方面，平台的财政管理和角色权限可以通过分财政、分功能权限、分部门权限、分数据权限的管理手段，全面保障数据安全。系统任务调度方面，实现参数输入、任务下钻、任务执行、任务检查、状态检查、状态更新、状态还原等功能。接口规范设计方面，设计了规范化的数据导入导出方法。非系统功能设计方面包括安全性、可靠性、可用性、灵活性、易用性、集成性、开放性等设计原则。

第 9 章，财政数字化转型项目管理方案。主要介绍项目实施过程中的质量控制、组织管理与分工。

第 2 章

财政数字化转型平台的背景分析

2.1 财政数字化转型平台背景分析

目前，我国的财政数字化转型不仅涉及各级相关财政部门，同时也包括与财政业务相关的企业、机关、事业单位。在 2014 年之前，由于我国的会计核算始终是以收付实现制为基础实现的，所以对于政府负债以及相应的成本核算都欠缺一定的准确性。而在当年年底，财政部制定的《权责发生制政府综合财务报告制度改革方案》则标示着由收付实现制向权责发生制逐步过渡的改变。

从统计指标的角度出发，《2019 年政府收支分类科目》主要由收入分类、支出功能分类、支出经济分类 3 大部分组成，同时各级政府部门能够结合具体的改革现状、预算要求，对各类目进行各自的调整。这一调整主要体现在 3 方面，一是结合各级改革主体状况与进程调整收支类目，二是结合政策具体要求调整收支类目，三是依据预算管理要求调整收支类目。相比于之前的统计指标，这一统计指标体系在整合支出结构体系、改善财政预算透明度方面做出了较大改进，但是关于财政监督领域的工作仍然有待提高，我国财政框架的主体依旧为资金来源与运用表的情形并没有得到根本性变革。资金来源与运用表只是对政府运用情况的流量统计，没有涉及对存量（资产、负债）的核算。当前，除了社科院等科研机构会针对政府的资产负债制订相应报表外，我国仍旧缺乏官方权威性的资产负债表体系。

总体来说，当前财政数字化体系主要有 5 方面的问题，即统计工作指向性不强、相关制度有待提高、收支统计范围有待完善、数据分析框架不够健全、数字化体系水平低下。

首先，统计工作指向性不强。财政数字化并不仅仅是为政府的宏观决策提供基础信息支持，对于居民、企业等主体同样具有十分重要的意义。然而，目前我国财政数字化的目标基本上是为政府部门服务，对非政府部门的重视程度不足，不利于政府从管理型向服务型的转变，也不利于社会各界开展监督工作，所以财政数字化的目标需要进一步明确。

其次，相关制度有待提高。由于各级政府部门业务对数字化需求不断加强以及信息化意识不断提高，财政数字化过程中数据量高速增长，数据流动性获得了高效提升，业务相关部门涉及范围也越来越广，但需要注意的是，政府财政业务的数字化程度在各级财政相关部门尤其是基层机构仍然较低，急需改进完善。就基层政府机构而言，现有的业务统计人员数量仍旧不足以满足大量数据业务工作的需求，统计人员往往受限于日常的手工报表数据业务中，而对企业、社区等各类主体的数据查实无暇顾及。另外，由于手工操作业务效率较低、报送渠道不畅等因素，降低了财政数字化的质量与效率，而且缺乏财政数据交换的标准和规范，系统相对孤立，业务集成度较低，不足以支撑决策分析。财政数字化转型工作需要遍布整个业务改革进程，对各环节业务系统进行相应的数字化研发，但是由于各环节数据标准不统一导致后期数据共享困难，业务数据有待整合，这就造成了大量多头操作、分别维护的情况，对数据业务办公效率造成了消极影响。

再次，收支统计范围有待完善。对于财政统计工作而言，应当秉承着"应统尽统"的原则，对政府收支活动进行全面反映。IMF（International Monetary Fund，国际货币基金组织）的政府财政数字化体系虽然包括社会保障基金内容，但由于财政收支预决算的因素，社会保障资金以及预算外资金依然是总额统计的范畴，并未根据资金的具体性质确定统计类型。此外，目前对于一些行政事业单位和社会公共团体的准财政性收支，没有进行全面统计。这在一定程度上造成了政府的财政收支不够规范、缺乏完整性，也为隐性债务积聚提供了土壤。同时，缺少统一的对外对内的财政信息系统集成平台，与上下级财政、代理银行等的信息共享程度较低，从而造成了信息无法及时互通的现状。另外，预决算活动中重预算、轻决算的问题依然存在，预算执行结果与预算目标通常会出现较大的不一致，进而降低了政府预算体系的准确性，核算范围仍旧有待提高。

同时，数据分析框架不够健全，不能充分反映财政风险，特别是隐性债务风险。我国目前财政数字化体系主要是财政收支预决算表，并未建立严格意义上的财政数据分析框架，不能全面如实反映财政运行情况。同时，没有建立统一的财政集成库，资源配置决策效率较低。人员信息库、项目库、资产库等组成的财政集成库是政府"家底"，需要及时准确地反映，否则会直接或者间接影响政府的决策分析水平。另外，缺少专门针对财政行业转换数据量大和计算公式多等问题的数据处理服务，财政行业的上级需对下级上报数据汇总计算，同级财政的工资数据需要进行映射、拆分、计算、汇总等一系列操作后，才是系统需要的数据。

最后，数字化体系与国际标准间仍然存在较大差距。国际范围内公认的财政数字化标准主要是由 IMF 制定的《政府财政收支统计手册》（Government Finance Statistics Manual，GFSM）确定的，截至目前共有 3 个版本，分别为 GFSM1986、GFSM2001 和 GFSM2014，我国目前处在 GFSM1986 和 GFSM2001 之间，与最新的国际标准差距较大。就 3 个版本的演进看，GFSM2014 的发布有其深刻的社会背景，一方面，GFSM2001 无法应对 2008 年国际金融危机等重大事件带来的挑战；另一方面，国民账户核算体系、公共部门债务统计、货币金融统计、国际公共部门会计准则（International Public Sector Accounting Standards，IPSAS）等陆续有了新的发展。从内容上看，GFSM2014 的更新内容主要包括核算方法原则、概念分类体系、核心指标统计、基本分析框架、存量流量处理 5 部分。总体来看，此次更新有助于应对各国在实践发展中出现的新情况和新问题，加强应对信息缺口和欧债危机中所暴露出的不足，更好地评估财政风险，强化抵御风险的能力。

我国财政体系可以追溯到计划经济时期对苏联财政统计模式的学习上，之后由于市场经济的带动开始朝着 GFSM1986 体系转变，此后为适应财政管理理论和实践中的新情况又经过了多次改进，例如，2007 年开始实行政府收支分类的全面改革。当前我国财政收支分类体系仍旧是根据收入以及支出两大部分进行划分，自 2014 年起，预算收支科目开始根据预算管理的需求进行具体分类，分成了政府性基金预算收支科目、公共财政预算收支科目、社会保险基金预算收支科目、国有资本经营预算收支科目 4 类。但是这项改动依然没有使国内与国际的财政收支体系差距得到较好的改善。首要原因是关于财政收入与支出的具体定义存在分歧，IMF 认为两者应当是改变政府权益大小的交易行为，因此从定义出发的财政收支统计口径出现了明显的不一致。例如，政府资产的变现收入在 IMF 口径下不属于收入的范围，只是资产形式的转变，而在我国的统计中却属于财政收入；同理，IMF 口径不包含政府购买设备的活动，但在我国的统计中却属于财政支出范畴。其次，基于定义的两类不同财政收支体系之间的规范性和一致性有待提高，不能时而根据预算功能（外事外交费等）划分，时而又根据经济性质（债券付息支出）分类。综上，现有政府财政数字化体系不够规范，无法充分满足宏观调控的需要，也不利于我国财政收支数据与其他国家数据进行比较。

作为国家治理活动的基础以及重要支柱，财政活动的重要性不言而喻，而高效合理的财税体制作为财政的主要内容之一，对资源配置的优化，市场环境的建设，社会公平的保障以及国家的和谐稳定具有积极的影响。财政数字化体系作为财税体制基础的一部分，其不规范和不完整带来的危害十分巨大，将直接影响到国家治理能力的建设。

第一，冗杂的财政数字化体系会消耗大量的人力、物力、财力，效率低下；第二，统计基础，特别是基层的统计基础不够健全，统计人员专业素养不足导致上报的数据缺乏翔实的依据，影响财政数字化结果的质量，最终会影响决策的科学性，也不利于疏导舆论；第三，不规范、不完整的财政数字化体系无法全面监测财政风险，会阻碍财政职能的发挥。根据 2012 年 IMF 的统计结果，大约 23% 的财政风险增长来源于对本国或者本地区基本财政情况的不了解。实际上，不论是 2008 年美国准公共企业——房利美和房地美的债务问题，2009 年之后的欧洲主权债务危机，还是前段时期广受关注的土耳其和阿根廷汇率大幅度贬值和债务问题，背后都折射出财政统计信息的透明度和质量存在缺陷。

2.2 财政数字化转型平台建设目标分析

财政数字化转型旨在搭建起功能完备的财政数字化平台，对当前财政数据资源利用率低下、数据分析框架不成熟、数据处理标准不一致等相关的财政数字化难题进行逐一攻克，建立起覆盖财政资源的数据平台，同时借助成熟的数据挖掘技术进行财政数据处理分析，充分发挥日益新增的海量财政数据优势，为财政相关工作提供有效的数据支持，合理预测变动趋势以满足相关政策决议，并提供数据可视化服务，助力政策分析。平台应当力求建设起综合性、权威性、专业性、动态性的财政数据库，高效整合财政数据资源，有力推动财政相关项目研究，助力政府相关决策与管理，实现财政数据资源的资产化。总而言之，数字平台应当具备成熟的数据采集、数据监管、数据挖掘、数据预测、数据检索、数据展示等各类财政数据应用能力，数据资源应涵盖财政相关业务的内外网、结构化以及非结构化数据，以确保数据库内容的完备性。为了保证知识及经验的传承、延续，平台将提供数据下载的相关功能，根据用户的不同权限提供财政数据的相关接口功能，有效地保证与外界良好的数据沟通。对于财政项目的研究成果，平台将提供成果统计与发布的相关功能，让外界对国内财政相关项目与研究有最新的了解及认识。为实现以上功能，财政数字化转型平台的建设应当注重以下几个方面。

2.2.1 建设及时且全面的财政数据采集系统

财政数字化转型过程中首先需要解决的难题是财政数据资源的采集问题。由于全国范围内涉及财政数据的部门机构数量众多并且种类繁杂，导致数据信息收集难度较大；而不同组织之间关于财政数字化的关注度不一致也导致财政数字化改革进程难以统一展开；另外，各部门之间的信息化建设程度差距过大。在众多因素的综合影响之下，各级财政信息源头组织逐渐呈现数据孤岛化趋势，财政相关数据的共享也受到了极大阻碍。在当下信息化时代，各级部门中与财政数据输出相关的业务活动，都需要不断地提高财政数据资源的共享程度，追求数据采集的完备性与时效性，从而提升相关业务人员的办公效率。

根据需求，应当建立起高效的数据采集机制，覆盖全国基层单位，保证数据收集及时有效。在数据采集过程中一定要注意数据主题的属性、长度、格式等基本信息，并通过数字化平台的标准算法对数据进行统一处理，以方便后续的数据处理与数据分析，避免出现因数据格式不统一导致的运行错误。同时，要充分保证数据的全面性与有效性，力求全面覆盖财政相关业务范围，及时反映财政资金流动情况。

2.2.2 建设精准且高效的财政数据监管系统

自党的十九大以来，我国一直在财政体制改革的道路上前进，坚持改革的多点突破，持续加深改革力度，不断细化相应的预算编制，严格要求财政信息核算管理工作高效进行。同时，由于财政报告检查的主要内容正逐渐由违规乱纪操作转向业务运作的绩效管理与评价上，对数据的处理不再仅仅局限于简单的数据核算，更重要的是针对相关业务数据进行一定的算法加工，以提供绩效评估所需的数据支撑。以上因素均要求对相关财政业务的输出数据进行集中管理，并且保证预算单位主体地位及其对应的工作权限不变更，因此财政数字化平台的搭建显得十分重要。

在当今大数据技术高速发展的时代，我们将借助于大智移云技术的突出优势，以实现对财政数据的全面监管，对财政核算的整个过程实施点对点的实时监控，进一步强化预算工作执行的精确度，推动财政业务管理朝系统化及科学化方向发展，促使财政业务监管工作不断优化。

2.2.3 建设全面且多样的财政数据挖掘系统

财政业务部门的日常工作与数据资源息息相关，日益增长的财政业务数据使得相关部门逐渐朝数据密集型方向发展。尽管拥有海量规模的财政业务数据，但是在信息化时代中，传统的财政数据治理方式已经不能满足相关业务流程的需要，财政业务产生的众多业务数据还未得到合理的开发利用，财政相关部门应对潜在风险的能力还有待提高。

作为支撑财政业务决策活动的重要数据基础，针对财政业务数据进行的数据挖掘活动至关重要，通过对全国范围内不同部门之间的源头数据进行挖掘处理，能够获得巨大的数据信息与知识内容。在对财政收入进行分析时，对数据挖掘算法模型的充分利用，有利于把握整个财政业务流程运行状况，增强财政业务流程管理的规范性与高效性；在进行财政危机管理时，合理的数据挖掘算法能够获取有效的目标数据，充分降低外部风险与不确定性，促进财政业务预调节，加强财政抵御风险能力；在进行相关政策制定时，数据挖掘算法的技术优势，能够针对具体政策进行模拟运行与政策评估，为相关政策的效果估计与政策制定提供数据支撑。数据挖掘技术的充分应用，能够提高财政管理与决策服务水平，充分发挥财政活动的乘数效应，进一步推动我国财政管理向数字化、规范化方向高速发展。

2.2.4 建设准确且及时的财政数据预测系统

财政业务工作与各种经济社会数据息息相关，这些业务数据以及相关数据的处理应用，对提升财政工作水平有着重要的现实意义。而伴随着财政智能逐渐健全、业务数据日益扩张，传统数据处理机制已不能满足财政业务要求。就传统的预算编审工作而言，一般先由各级预算单位填报申请数据以便财政部门审核，然后预算单位根据审核结果与反馈意见进行预算修改，最终通过财政部门审核后交予人民代表大会审核。可以发现，传统预算编审工作由于流程复杂，并且缺乏流程反馈，面对当前海量增长的财政业务数据现状，预算数据的准确性偏离程度愈发加大。

而借助于大智移云的技术优势，能够使地方财政数据标准化，适时感知地方财政支出结构的动态变化，在机器数据分类和预算的帮助下，可为人们提供有价值的信息，并进一步分析地方财政支出结构的决策与运行之间的关联性，提高地方财政科学决策水平和规范化运行能力。地方政府部门利用大数据分析产生有价值的信息可创造新的财政知识，挖掘出数据的特性，发现其中的规律，从而对未来的部门预算数据进行有效预测和科学判断，实现地方财政治理的科学决策与规范化运行。预算编审工作也能结合互联网信息技术，对各预算主体单位的历年预算数据以及预算执行状况进行智能化的数据分析，并及时反馈最终预算执行状况，为当前的预算编审工作提供科学的数据支持以及合理的预算建议，保证财政资金流转的高效性和准确性，在最大程度上避免财政预算资金的浪费。

2.2.5　建设全方位多维度财政展示分析报表

财政改革实践的不断推进势必要求对财政相关数据进行相应的数据处理，并为相关的财政研究与决策提供助力与支持。而财政数据本身就是未开发的资源，不仅拥有海量的规模，同时也种类繁多，跨层级、跨部门，因此相关业务执行主体对财政数据的直观理解往往有所偏差，难以从单纯的数据列表中获取有用信息。数据平台提供的数据分析报表则能够较好地解决这一问题。

借助于数据的可视化处理技术，能够将全国范围内各层次的财政目标数据统一处理，并通过图表化的方式将目标数据以直观的方式向相关人员展示，同时兼顾财政数据整体架构与特定细节，为用户理解财政业务数据以及成效提供便捷的解释工具。就财政数字化平台而言，财政数据并不是主体，关键在于对财政数据进行的一系列处理，以实现平台内目标数据的资源整合，同时借助于成熟的数据算法与模型对财政数据进行筛选与测算，向用户展示目标数据报表以及数据分析结果，并利用数据可视化的优势展示数据的多维属性，成为后续业务开展与决策制定活动的强有力的助力工具。

2.2.6　建设智能且扩展的财政数据应用服务

随着财政业务职能的逐渐完善，各财政主体对相应的业务需求也逐渐趋向多元化。如果各级财政部门之间能有效协同合作，能够解决众多财政治理工作无法解决的数据难题，而这些难题往往遍布在财政治理的多个环节之中，包含着众多难以掌握的不确定的定性数据，因此对于财政数字化平台的智能化应用显得至关重要。

如果地方财政治理不能有效地使用大数据技术，则只能解决财政治理的浅层问题；而如果地方财政治理能充分利用大数据技术，就可以逐步解决财政治理深层次的不可见问题。地方财政治理通过大数据技术的应用，可以根据财政功能与公共服务体系相关因素，创建地方财政治理运行的场景，进而从场景模拟中探寻地方财政治理的不足，并不断调整财政规模和支出结构的发展方向和重点。

第 3 章

财政数字化转型项目需求规格说明

3.1 财政数字化转型项目建设需求

随着财政改革力度的推进与加深，财政相关业务逐渐完善，业务范围涉及全国各级组织单位，数据资源种类繁多，每日新增数据呈现兆级的爆炸性增长趋势。财政数字化的发展，对数据的采集、存储到最后的数据检索与可视化等各个流程，都提出了全新的要求。

3.1.1 实现财政大数据采集

鉴于财政业务相关数据具有数量众多、种类广泛、更新频率高、数据格式多样化等特点，财政相关数据采集技术应当进行改善。从工具角度来看，采集工具应当包括且不局限于 Web 网页（Web Page）、手机 App（Application，应用程序）、财政相关单位内部系统、外部数据 API 等；从数据种类来看，涉及数据应当包括 MySQL（关系型数据库管理系统）数据、Excel 文件以及以数据报表为代表的结构化数据，以 Json 机器日志文件为代表的半结构化数据，需要后期处理转换的图片、视频、音频等非结构化数据；从数据时效性出发，数据应当涵盖财政管理操作日志等实时性数据文件、相关项目监控日志等半实时性数据文件以及其他的半静态数据文件和全静态数据文件。在数据采集过程中，力求保证数据的多层次、多样化以及高并发特点不会影响到业务需要，从而保证数据采集工作的质量与高效。

3.1.2 实现财政大数据存储

目前，财政数字化平台搭建中关于数据存储部分的主要难题还是在于数据量大的问题，并且随着财政业务每天输出的大量数据，这一现状将逐渐加剧。对于财政数字化的转型来说，万亿字节以上的存储容量是必需的，同时需要预留足够的空间以满足每日新增的千兆级的财政相关数据。同时，由于当前财政数据管理系统不统一导致数据存储形式多种多样，因此在不同财政数据系统合并数据时往往会出现数据格式不一致的问题，故财政数字化平台应当建立起统一的数据转换机制，使得财政数据能够以标准化的格式存储于数字平台中。

3.1.3 实现财政大数据检索

由于财政业务逐渐完善、细化,对于财政相关数据的检索需求逐渐呈现个性化发展趋势,并且对数据检索的响应速度也提出了更高要求。财政数字平台中的数据检索功能,不再仅仅局限于简单的关键字匹配服务,还应当提供更加个性化的条件筛选、模糊查找以及正则匹配等多种数据检索服务;同时,面对千兆级增长的财政数据,平台检索速度不能因此有所降低,相反应当通过改善检索技术,升级相关数据存储机制,尽可能地减少响应时间,提升数据检索效率,确保数据检索的高并发性能。

3.1.4 实现财政大数据分析

财政数据遍布全国,涉及多部门,导致数据分析工作消耗大量计算机内存,相应的技术需求门槛也随之提升。财政数字化平台应当充分利用 Hadoop 分布式架构的优势,针对海量数据实现高维数据的实时运算,鉴于其占用硬盘空间较大的问题,可以将数据上传至云端以便数据存储与数据运算。另外,在数字平台中针对目标数据进行分析,可以考虑结合深度挖掘、大数据、机器学习等大智移云技术,创建相应运算模块,简化数据分析工作流程,为数据分析工作提供新思路。

3.1.5 实现财政数据可视化

面对种类繁多的财政相关数据,经过数据分析处理后输出的分析结果应当以更加直观明了的可视化图形界面进行展示,根据数据不同维度输出相应含义的统计图形。相较于传统的数据展示,数据可视化逐渐成为一种数据展示工具,拥有更高的复杂度以及开发量,能够实现数据与图表的有机结合,根据业务需要确定具体的数据展现方式,从传统的二维数据展示拓展到更加全面的多维数据展示,并且,应当附带更加智能且人性化的人机交互功能,以提高数据分析结果的实用性和有效性。

3.1.6 实现财政大数据挖掘

伴随着财政业务产生的相关数据日益增加,财政实践活动与相关业务数据的结合日益紧密,借助于大智移云技术的优势,建立财政数据云平台,有利于对传统数据处理方式无法处理的各类数据库、Excel 结构化数据进行深度挖掘,并根据具体的数据处理规则针对半结构化数据进行解析,而对于欠缺解析规则的非结构化数据,则借助于流式计算、数据分布等大智移云技术手段分析其数据逻辑与关联。针对财政数据进行必要的数据挖掘,有利于财政业务部门根据场景需求与业务需要进行数据分析,充分发挥相关数据资源的价值与作用,为后续的财政决策、财政核算等一系列工作提供有效的数据支持。

3.1.7　实现财政智能化决策

随着财政改革的不断深入，财政决策越发凸显其重要性。借助于大智移云技术，财政数字化平台能够通过互联网、物联网等不同数字媒介获取数据信息，并与财政部门、金融机构等财政业务相关部门达成数据共享，为财政决策合理化提供数据支持；同时，财政决策更加需要的是对海量数据的筛选、处理操作，利用大数据技术获取决策需要的业务相关数据资源，为政策执行者提供个性化的数据检索服务，并结合适当的数据加工模型进行数据处理，进而通过图表等可视化的方式展现数据，提供合理的政策建议，以进一步推动财政决策的数据可靠性及其效果预测的科学性。

3.2　财政数字化转型大数据技术介绍

3.2.1　流式处理 Flink 介绍

大数据技术的到来使财政各种业务场景不断丰富，产生大量数据，而很多政府部门还没有相关数据采集与存储的能力。财政业务数据通常伴随着业务的发生而产生，其实时性强、数据量大，价值更具有隐蔽性，流式的数据使 Spark、Map Reduce、Storm 等实时批处理框架在财政场景无法满足使用者的需求。财政流式处理的新场景也迫切需要新技术出现，流式处理 Flink 应运而生。

在 Flink 程序中，数据流处理的流程如下。当执行 Flink 程序后，数据流会与 Flink 程序产生映射，每个 Flink 程序的数据流可以输入多个程序，当程序中有消息队列或者文件输入时，流处理就开始了，当这些文件接受加工处理输出到下一个容器时，标志着流处理结束，Flink 程序可以向多个接收器输出数据。在数据处理过程中，Flink 程序支持对流数据执行非常丰富的变换，包括按时间窗口计数与聚合，按数据点聚合等操作，允许应用程序对数据流进行拆分，对多个数据流进行合并。

Flink 程序的数据源输入以及接收器输出分为很多种。Flink 程序可以和多种类型的应用进行对接，包括 Amazon Kinesis、Apache Kafka、Apache Cassandra、Hadoop Distributed File System（HDFS）等，这些应用程序既可以作为 Flink 的数据源，也可以作为接收器。另外，Flink 程序继承了分布式集群的运行特点，既可以在分布式的集群内运行，也可以以独立模式（通常说的单机版本）或基于 Docker（一个开源的应用容器引擎）的环境进行部署。

在财政大数据平台中应用 Flink 程序的优点，还在于其状态检查点与容错机制，支持数据异常的检查与恢复。Flink 程序的检查点是其执行过程中的快照信息，记录某一刻的数据状态和应用程序状态。如果发生故障，只需要启用检查点，就可以将数据恢复到上一个快照点，确保数据的完整性与准确性，避免异常事件对财政数据采集与存储的影响。

Flink 程序中除了自带的快照恢复机制，还存在保存点机制。快照恢复机制是应用程序自动实现的，相对的，财政工作人员还可以手动设置数据保存点，当数据出故障时，可以停止应用程序，将数据恢复到手动保存点。保存点保存了程序的应用状态，因此，可以在不丢失应用状态的情况下对程序进行恢复。

3.2.2　Hive 数据仓库

在本平台规划中，为了解决财政数据巨量存储的问题，将会使用分布式的 Hive 数据仓库对财政数据进行保存。Hive 数据仓库是基于 Hadoop 分布式架构的关系型数据保存工具，支持传统的数仓建模，可以基于 Hive 数据仓库进行数据的提取、转化、加载。Hive 数据仓库可以将关系型的数据映射为一张形如 Excel 的数据表，最重要的是，Hive 数据仓库提供了与 MySQL 基本一致的 SQL（Structured Query Language，结构化查询语言）查询功能，这将大大降低财政相关人员使用 Hive 数据仓库的难度。

Hive 数据仓库继承了 SQL 语句，能将其转变为 Map Reduce 任务。这一个特性，使得 Hive 的学习成本低，可以通过 SQL 代码对大量的财政数据进行分布式 Map Reduce 统计，而不必开发专门的应用程序。因此，Hive 数据仓库十分适合目前的财政大数据存储与财政工作人员日常的统计分析操作。

需要注意的是，在 Hadoop 框架上使用 Hive 数据仓库通常存在较高的延迟，一方面是 Hadoop 框架在提交程序与资源调度时，需要消耗大量的时间，另一方面是 Hive 数据仓库将 SQL 语句转化为 Map Reduce 执行时需要时间。因此，Hive 数据仓库并不能对财政大数据进行实时查找，它比较适合离线查找与大规模静态数据分析。例如，在 Hive 数据仓库执行 SQL 语句进行 MB 级别的数据查询时性能不如 MySQL，但是在进行 GB 级别的或者 TB 级别的数据查询时，性能优越。因此，Hive 数据仓库的最佳使用场景是财政大数据集的批量处理任务，例如一年一度的数据汇总分析，月度的财政报告查询等。

3.2.3　HBase 数据仓库

鉴于 Hive 数据仓库只适用于大规模离线数据的批量非实时查询，在构建财政大数据平台时，还需要支持实时数据处理的数据存储方式——HBase 数据仓库，它在一定程度上与 Hive 数据仓库相似，都基于分布式结构，可以存储巨量数据。不同的是，Hive 数据仓库是面向行存储的，存储的是关系型结构化的数据表单，HBase 数据仓库是面向列存储的，存储方式比较松散，以键值对的方式存储，读写非常迅速，是一个适合于非结构化数据存储的格式。由于这个特点，HBase 数据仓库不适合用于数据统计与分析，更适合用于数据实时查询。因此，本项目结合 Hive 数据仓库与 HBase 数据仓库两者的特点，实现财政大数据的实时查询与离线分析，具体内容详见 4.2 财政数字化转型平台总体架构设计内容描述。

3.2.4　MySQL 数据仓库

Hive 数据仓库适合离线批量分析统计，HBase 数据仓库适合财政大数据实时查询，但是两种数据仓库都不适合数据展示。一方面，大批量数据展示没有意义，另一方面汇总后的数据一般体量较小，结构规则。因此，平台规划在通过 HBase 数据仓库与 Hive 数据仓库将数据处理后，将数据存储到 MySQL 数据仓库进行数据实时展示。

MySQL 数据仓库不支持大数据存储，表单数据过千万条会影响查找速度，但是，它为小数据量的可视化展示提供了大量的访问节点，读取性能优良，前端查询能实时交互与反馈。MySQL 数据仓库将不同主题的财政数据保存在不同的表中，而不是将所有数据放在一个大仓库内，这样就增加了读取速度并提高了灵活性。

3.2.5　Logical 回归算法介绍

做财政决策时有很多需要判别的场景，例如多个决策该选谁，未来经济运行是好是坏，是否应该进行税务改革等。完成判别需要整合大量且多维的数据进行研究，才能得出结论。常用的判别模型是逻辑回归，由比利时学者 P.F.Verhulst 首次提出，它的基本原理是在线性回归的基础上另外套用了一个逻辑函数，运用概率的方法来判定某种事件发生的可能性大小。本文的目的是通过 Logistic（逻辑斯蒂曲线）回归模型去识别某一财政措施是否合理。第一步，收集决策目标的相关指标，可以将它设置为 $x=(x_1, x_2, x_3, \cdots, x_n)$，假设在选取的指标条件下合理概率为 $P(y=1|x)=P$，此时的 $y=1$ 可以视为该决策合理，那么 Logistic 回归模型可以表示为

$$P(y=1|x)=\frac{1}{1+e^{-g(x)}}$$

式中：$f(x)=\dfrac{1}{1+e^{-g(x)}}$ 称为 Logistic 函数；$g(x)=w_0+w_1x_1+\cdots+w_nx_n$。

那么该决策不合理的概率为

$$P(y=0|x)=1-P(y=1|x)=1-\frac{1}{1+e^{-g(x)}}=\frac{1}{1+e^{g(x)}}$$

计算这两个条件概率的比值为

$$\frac{P(y=1|x)}{P(y=0|x)}=\frac{P}{1-P}=e^{g(x)}$$

再将这个比值取对数为

$$\ln\left(\frac{P}{1-P}\right)=g(x)=w_0+w_1x_1+\cdots+w_nx_n$$

最终得到这个决策合理的概率，一般来说划分决策是否合理的阈值是 0，如果测试集中得到的数据大于 0，则说明这个决策合理的概率大于不合理的概率。

3.2.6 随机森林算法介绍

Logistic 回归模型能解决二分类的决策问题，然而，财政在运行过程中还存在多分类的问题，因此介绍另一种多分类算法——随机森林。Leo Breiman 和 Adele Cutler 提出的一种机器学习方法被命名为随机森林，它是一种覆盖了若干种决策树的特殊分类器，其核心原理是如果在一个样本集的特征空间里，相邻的 n 个样本属于同一个类别，那么基于此可以判定该样本也属于这个类别，同时具备这个样本集里的特征。可以发现，随机森林对样本的预测并不是单线程的，而是利用了多棵决策树共同预测样本的类别。这里所说的决策树是指此结构类似于树状结构，具有多个树状分叉节点，一般称为决策节点，在进行类别决策时一般只与邻近的样本有关，并且在监督学习的条件下，通过事先设置好的特征指标来判定将哪个指标作为决策的节点。在选择时，通常按照事先设定好的度量指标来确定哪个特征将作为决策节点，最后的决策结果以叶节点作为表示，特征的重要程度以确定特征的先后顺序来表示，同时按照决策树之间的距离进行排序，以出现频率最高的类别作为决策树的预测分类。在随机森林中覆盖的千百个决策树中，通过输入测试的数据与之前决策树输出一个的分类结果相比较，找出与之最为接近的特征，从而判定此样本被分为哪一类。

3.2.7 支持向量机算法介绍

除了以上模型，还可以综合使用其他模型进行辅助参考。机器学习的模型大多有自己适合的场景，因此在选择模型时需要多样化。支持向量机（Support Vector Machines, SVM）是一种分类模型，它在特征空间上被定义为距离最大的线性分类器，向量机的最大作用就是使分类的数据间隔最大化，即对每一个类别最近的元素距离最远，且这种方法降低了对数据质量的要求，因此在较小的数据集里面也有极好的表现。

支持向量机可以运用于数据线性可分和线性不可分两种情况，可等同于在二维平面上将数据二分类和多维空间中将数据二分类。支持向量机的基本算法是找到几何间隔最大的分离超平面并且使之能够正确划分训练数据集，如图 3-1 所示。

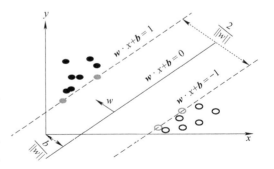

图 3-1　支持向量机原理

划分超平面的公式为 $\boldsymbol{w}^T+\boldsymbol{b}=0$，其中以 $\boldsymbol{w}=(w_1,w_2,\cdots,w_n)$ 为法向量，决定了超平面的方向；$\boldsymbol{b}$ 为位移项，决定了超平面与原点之间的距离。

假设该直线能够将两类数据都正确分类，将其记为 (w,b)，数据集中任意一点 x 到超平面 (w,b) 的距离可写为

$$r=\frac{\boldsymbol{w}^T+\boldsymbol{b}}{\|w\|}$$

满足该条件的决策边界实际上构造了两个平行的超平面作为间隔边界以判别样本的分类，即

$$\boldsymbol{w}^T x_i+\boldsymbol{b}\geqslant 1\rightarrow y_i=1$$
$$\boldsymbol{w}^T x_i+\boldsymbol{b}\leqslant -1\rightarrow y_i=-1$$

所有在上间隔边界上方的样本属于正类，在下间隔边界下方的样本属于负类。两个间隔边界的距离为

$$d=\frac{2}{\|w\|}$$

3.2.8　模型评估方法介绍

在对 3 种分类集成方法的原理进行介绍后，接下来需要对 3 种分类方法的建模效果进行验证。分类模型的识别效果不可能达到 100% 正确，目前的研究也只是选出达到识别极限值的分类识别模型，下面通过常用的混淆矩阵的方法对分类模型的效果进行比较。

混淆矩阵是评价模型结果的指标，多用于判断分类模型的优劣，使用 n 行 n 类的形式来呈现准确率、精确率与特异度。准确率是指分类模型中判断正确的结果占总观测值的比重；精确率表达的是模型找到数据集中相关实例的能力；特异度表示为精确率和准确率的调和均值，模型的识别效果可以由以上 3 种指标对比得出。模型识别数据集中的数据后可以分为 4 种结果，合理的决策被正确地识别出，合理的决策未被正确地识别出，不合理的决策被正确地识别出，不合理的决策被错误识别为合理的决策。用 TN（True Negative）代表被正确识别的不合理决策的数量；FN（False Negative）代表不合理决策被错误识别为合理决策的数量；TP（True Positive）代表被正确识别的合理决策的数量；FP（False Positive）代表被错误识别的合理决策的数量。由此可得混淆矩阵，见表 3-1。

表 3-1　混淆矩阵

	正确的、相关的	不正确的、不相关的
识别出来的	TP	FP
未识别出来的	TN	FN

混淆矩阵计算公式见表 3-2。

表 3-2　混淆矩阵计算公式

指标评价	计算公式
准确率（P）	$\dfrac{TP}{TP+FP}$
精确率（R）	$\dfrac{TP}{TP+FN}$
特异值	$\dfrac{2TP}{2TP+FP+FN}$

在平台构建过程中可通过准确率、精确率、特异度这 3 个指标对模型的识别效果进行评判，而在实际运用中，此数据会受到样本数据的量级影响，出现过拟合的现象。精确率是在减少样本方差的条件下对数据的进一步优化，表现出比准确率更高的精度。由计算公式的原理可知，精确率的提高带来的是准确率的下降，所以需要引入特异度来平衡两者之间的关系，即精确值和准确率的调和均值，取值范围为 0～1，1 代表模型的输出结果最好，0 代表模型的输出结果最差。

3.3　财政数字化转型项目系统设计原则

3.3.1　标准性与规范化原则

系统将遵循相关领域的标准规范，以及国家相关行业的法律、法规、政策进行设计，在技术体系、应用架构、数据交换等方面与信息行业的国际标准、国家标准保持一致，遵循相关的国际、国家和业界的标准规范，从而保证系统的可扩性、可升级性，进而保证以合适的成本获得更好的成果，还将起到进一步规范社会保障资金信息管理相关业务的作用。在应用软件开发过程中，遵循统一的命名、编码、界面、接口、控件方面的规范，还将参照项目管理、进度控制、质量保证、风险管理、沟通管理、配置管理、范围管理和文档管理等方面的标准规范进行工程建设并实施管理。

项目建设将采用各种标准化的接口和目前通用的技术方案来实施，按照信息技术的相关行业标准规范，财政行业、社保行业的相关法律法规和管理要求，开展系统建设与应用实施。系统将基于 J2EE（Java 2 Platform Enterprise Edition，企业级应用的 Java 平台）、SOA（Service-Oriented Architecture，面向服务架构）、Web Service、XML（Extensible Markup Language，可扩展标记语言）、Struts 框架、工作流、数据挖掘与分析、数据交换等技术标准进行设计和开发，并采用基于 XML 的统一接口标准来实现信息交换，以有效完成相关业务系统的应用整合。

3.3.2　整体性原则

财政数字化平台将充分考虑系统的整体性，对系统设计开发建设工作进行统一、规范的管理，确保功能模块设计清晰合理。项目建设将以财政数字化信息资源管理的整体业务为基础，进行全局规划，厘清各业务部分、关键环节的关系，从整体上体现财政数字化信息资源管理的优势，避免以往各业务信息系统各自运转、难以沟通的局面。

财政数字化平台将以财政数字化信息资源管理工作为主线，贯穿各主要业务环节，实现财政数据管理、数据权限管理、项目及分析测算库管理、机构与专家库管理、数据统计分析等业务功能。

此外，财政数字化平台将以财政数字化信息资源采集、整合为目标，以数据集中为基础，建立面向全国的财政数字化平台系统。

3.3.3　成熟性原则

在财政数字化平台系统的设计开发过程中，将充分考虑系统的成熟性，尽量采用成熟技术，注意软件产品、开发工具相对成熟，采用市场上成熟的应用软件技术和产品。这些技术和产品拥有成功应用案例，并通过相关行业管理部门和质量监督部门的检测认证，可确保系统应用成熟，并与相关业务应用软件系统实现有效集成。

3.3.4　安全性原则

在系统建设过程中，将着重考虑系统的安全性。由于财政数字化管理业务数据的涉密程度较高，因而对系统安全性的要求也很严格。本系统可能直接存储国家秘密或机密信息，但可能涉及相关单位机构和个人的秘密信息，一旦与国计民生相关的财政信息和分析数据、个人信息发生外泄情况，将造成严重后果。

本书将在系统设计开发过程中充分考虑安全管理机制，提供整套的安全解决方案和完善的系统安全保障机制，来保证系统的安全性，有效保护财政身份安全，实现功能和数据权限控制，身份信息及业务数据的安全传递，并提供关键操作日志记录。通过制定整个系统运行的安全策略和机制，严格管理财政权限及相关安全体系，并根据财政数字化分析决策平台中不同政府部门的业务要求和应用场景，制定不同的安全方案。

在系统访问、操作、数据传输、运行、维护等安全管理方面，通过建立授权与认证，存取权限与执行控制等多层安全保障体系，来控制系统访问安全性。通过严格的操作权限设置和统一身份认证控制，有效鉴定财政身份，界定财政访问权限范围，从而防止外部成员非法侵入，操作人员越级操作等异常事件。同时，系统充分利用设备的实时日志信息，MySQL等数据库备份和恢复方法，来增强系统数据访问与展示的安全性。对于系统中关键业务流程的操作，将提供日志记录功能，包括操作人、操作时间、操作结果等信息，并将为每个审核环节都提供对应的操作日志，使系统中的业务操作责任分明、有据可查。

对于各类分级、保密信息，系统将在存取访问、财政跟踪等过程中采取高度安全的技术措施进行控制。在数据应用层采取数字认证、角色权限、单点登录、数据 MD5（Message Digest Algorithm，信息摘要算法第 5 版）加密等设计方案，增强财政信息在传输、展示、存储过程中的安全性与保密性。在平台数据安全访问权限的管理机制中，采用财政身份认证、权限分级管理、部门机构业务资源访问控制等多层安全设计，对信息共享实行严格控制。系统提供财政访问及数据操作权限的控制机制，将不同系统财政所能访问、操作的信息限定在其权限范围内。

在网络安全方面，通过网络拓扑结构安全设计、整体安全防护措施来屏蔽安全隐患，有效保证系统运行网络环境的安全性。在系统架构方面，通过采用 3（多）层软件体系结构，将客户层与服务器层分离开来，并在系统设计阶段嵌入防止恶意攻击或入侵的代码（比如页面源代码查询的屏蔽，网页浏览器功能菜单的屏蔽等），防止数据被恶意篡改、窃取，提高网络安全性。

同时，在应用逻辑和信息处理中运用软件容错技术，防止各种误操作对系统造成不良影响。此外，在数据的传递与交互中，将利用成熟的通信中间件技术，对传递的内容进行加密和锁定，以确保数据在传递中的完整性、一致性、安全性、可靠性。

3.3.5 可靠性（稳定性）原则

在财政数字化转型大数据分析决策平台的设计过程中，我们充分考虑了平台的可靠性，并且为此采取必要的措施，包括系统的采集性能与存储性能、系统业务与技术架构、分布式与高并发技术措施、平台服务器维护管理等方面，以保障大数据系统能够平稳运行，使系统具有较强的免维护能力和一定的故障分析与容错恢复能力，能长时间稳定运行，并且自身维护简单，具有快速恢复功能。在部署系统时，采用冗余备份策略，有效地避免单点故障。同时，通过优化系统性能，增强流程处理、数据传输、数据查询等关键业务的并发响应能力，确保系统运行可靠。

在平台总体架构和数据流程架构设计中，将重点考量平台的可靠性要求。在系统架构方面，通过采用成熟的 J2EE、MVC（Model View Controller，模型视图控制器）技术，来保障应用软件系统运行的可靠性。而在数据库设计方面，将建立完善的数据模型和异常处理机制，以及时进行故障处理和恢复，从而保证系统的稳定运行。

3.3.6 适应性原则

财政数字化平台将充分考虑中国财政科学研究院（以下简称财科院）财政数字化平台管

理工作对数据标准规范建设、业务应用系统建设、相关系统集成整合的实际需求，有效保证业务应用系统的设计和建设实施方案合理可行，适合各中小企业、财政中心、金融机构、中介机构的实际情况，满足财政数字化平台管理的业务需求，适应未来环境变化。

为此，财政数字化平台将以实现财政数字化数据信息管理工作的现实需求为基础，结合未来财政数字化管理工作在内容、种类、流程等方面的发展需要，来确定系统的范围与规模，以适应业务与技术应用要求。在业务需求详细调研这一基础之上，通过分析现有业务相关平台和管理系统，利用适当的技术实现手段，按照项目特点进行系统架构、应用逻辑的设计，使系统功能满足实际业务管理需求，从而适应未来业务发展、运行环境和系统扩展的需要。

财政数字化平台虽然将按照统一的标准和规范构建，但也会充分考虑全国各地的业务差异，面向各地实际情况开展系统建设与推广工作。在确保业务全面畅通、信息资源一致的基础上，结合地方管理的个性化需求提供可扩展、可升级的系统平台。

3.3.7　实用性原则

财政数字化平台从实际出发，立足于应用，与财科院的信息化整体发展水平相协调，充分利用和整合现有资源，以满足财政工作和管理的业务需求为首要考虑因素，使建设的系统切实解决财政数字化数据资源管理与推广的实际问题，达到提高工作质量和效率的目的。

财政数字化平台在原型设计与开发建设的过程将始终坚持面向使用者应用场景，注重解决实际问题的方针，充分考虑财科院在财政数字化信息管理方面的业务特征、软件系统和硬件设备的现状，合理利用相关设备、软件、信息资源，在保证先进性的同时，体现财政数字化数据资源管理和应用的特点，确保系统具有很强的实用性和实效性，从而满足当前财政数字化信息管理工作的要求。

3.3.8　灵活性原则

财政数字化平台将充分考虑系统的灵活性，在管理范围、管理功能、管理数量、展现方式等方面提供灵活的管理能力。通过合理设计系统的体系架构、应用架构、技术架构、部署架构，采用灵活的定制机制来设计并调整流程、表单报表、数据指标、预警规则、信息应用入口，从而适应财政数字化平台的业务和技术需求变化。

平台将根据财政的实际业务需求，支持单节点的集中式部署与多节点的分布式部署等方法。系统提供足够的灵活性，通过系统配置，可满足不同级别、不同部署模式的功能要求。

财政数字化平台将采用按需组合、配置、扩展的系统架构设计模式，满足业务和应用环境、管理范围、管理功能、管理数量等方面的实际情况与未来变化要求。同时，财政数字化平台将按照统一、规范、一体化管理的思路，建设并实施相关业务数据标准规范，运用相关软件产品和工作流技术，实现财政数字化平台的业务功能，并对业务管理流程进行灵活定制，实现流程化处理。

3.3.9　易用性原则

财政数字化平台将在满足业务需求的前提下，提供足够的易用性，为财政提供方便易用的系统界面功能，操作、维护管理手段。系统将采用简洁友好的财政界面、图表化信息展现方式、流程化业务管理机制，将复杂性封装在系统内部，确保系统具有界面美观、信息简洁、流程清晰，操作简便快捷，使用灵活，业务用语规范，帮助信息翔实、方式灵活多样，符合标准界面规范和财政习惯等易用性特征。

1）系统提供业务代码信息提示、操作确认、数据校验、常用信息缺省赋值等易用性操作功能。

2）系统功能和流程可根据财政需要进行定制。系统提供鼠标、键盘结合的操作方式，并为复杂操作提供向导提示，可最大限度减轻办理人员操作难度。

3）系统符合财政部门相关负责人的业务思维逻辑和日常工作习惯，即使不是计算机专业，也能够快速掌握系统的功能与使用方法，并提供与上下文相关的详细在线帮助信息，可有效指导业务人员进行操作和管理。

4）系统的故障信息完整、可读性强，具有统一规范的错误代号，有利于维护人员排查故障，对问题进行溯源与定位。

3.3.10　易维护性原则

财政数字化平台将采取简单、有效的方法和技术，确保系统易于维护。

1）系统将运用双机备份、灾难恢复、应用集群、负载均衡、故障测试与定位等技术，增强系统的免维护能力，使系统保持长时间稳定运行。同时，为系统提供简单、易行的维护管理手段，使其具有快速恢复的功能。

2）对系统相关数据存储设备采用增量式、定期备份和移出的灾备手段，从而当系统出现问题时可以将其完整恢复。

3）合理设计系统的异常处理体系和功能，明确划分并管理错误信息的分类、等级、对应处理机制。当系统出现异常时，对系统功能和页面的错误，采用简洁明了的中文提示信息进行说明，从而方便系统运行维护管理人员查找相关原因并及时解决问题。

4）系统需提供不同级别的日志设置，使管理员可得到必要的诊断信息。

5）系统需提供动态菜单管理，通过设定，可将模块随意组装成不同的菜单。

6）系统将提供较高的代码可读性、可修改性、可测试性，以方便维护管理人员对系统进行修改和升级等维护工作。

财政数字化平台将对系统进行集中维护管理，有效降低系统的后续运行维护成本。由于系统采用分布应用、集中管理的策略进行构建和部署，因而系统管理人员可对应用软件、系统数据进行集中管理与维护。通过操作简单、易于学习、方便使用的使用者手册对系统的安全性、可靠性、运行性能等方面进行集中化管理维护。

3.3.11　集成性原则

系统将遵循集成性原则进行设计，对相关业务应用系统和数据资源进行集成整合，实现应用和信息资源的共享利用。财政数字化平台将采用集成技术来构建信息交换中心（数据交换平台），实现不同规模、层次的财政数字化数据信息资源的集成应用，从而满足系统建设和应用的实际要求。

软件设计按照平台化、组件化设计思想，坚持面向数据（以数据为核心）、面向业务（以业务为基础）、面向财政（以人为本的应用），实现统一的数据交换接口，并建立相应的权限规则与接口规范，保障数据的安全共享。

在财政数字化平台的系统建设过程中，通过灵活的业务应用集成框架，对各类业务应用数据资源进行有机整合，并对相关应用系统进行集成，从而满足相关业务管理机构的应用需要，实现资源集成应用。系统提供基于 XML 的业务数据导入、导出能力，可对外提供各种数据接口，并与第三方系统基于 Web Service（网络服务）进行接口集成。

3.3.12　可伸缩性原则

财政数字化平台将充分考虑系统的可伸缩性，通过少量改动甚至只是硬件设备的添置，就能实现整个系统处理能力的线性增长，实现高吞吐量和低延迟的高性能。

3.3.13　开放性原则

财政数字化平台将充分考虑系统的开放性，确保财政数字化平台所建系统与相关业务系统之间数据传递和接口开发的可实现性。系统将基于开放的运行平台，遵循行业标准规范，采用标准、开放的技术和产品，提供开放的信息交互及管理接口，与工作流定制、报表定制、应用门户定制、数据挖掘与分析、财政统一认证系统、虚拟参考咨询系统等第三方应用支撑软件产品进行无缝集成。

同时，系统提供开发接口，可与相关应用系统进行无缝连接，实现各相关系统的互通互连、数据共享，方便扩展财政数字化平台的相关管理、应用功能。

3.3.14　兼容性（可移植性）原则

系统设计将在体系架构、运行平台、数据格式、操作方式等方面遵循兼容性原则。考虑到系统的一致性，财政数字化平台软件开发将采用与现有系统一致的环境。通过设计合理的应用架构、分层体系，运用技术体系结构、JAVA/Python/Spark 等开发语言，在体系架构层面实现本系统与现有相关系统的应用资源和数据资源兼容。

在运行平台方面，应用系统基于跨平台技术，不依赖硬件平台。如果对相关的系统硬件进行了改造，该软件也能快速进行集成与部署。财政数字化平台所建系统将支持多种主流操作系统、数据库系统、应用中间件、应用支撑软件（比如网站资源采集工具、财政数字化数据中心管理软件、信息安全保护软件、内容发布软件、财政统一认证软件、虚拟参考咨询服务软件、数据库科技简报系统、财政数字化项目全流程管理工具等），并实现与现有的相关通用系统保持较高的兼容性。

同时，在统一的数据交换标准和规范指导下，利用接口数据交换机制，实现系统数据共享。此外，通过统一的应用扩展框架和通用底层服务组件，使系统在业务规则和数据规范方面对外高度兼容，确保扩展后的系统在运行平台、功能操作、数据结构等方面保持完全兼容。

第 4 章

基于大智移云技术的财政数字化转型平台总体建设方案

4.1 财政数字化转型平台部署架构设计

整个财政数字化技术部署架构分为数据源、服务器集群数据处理与存储、数据库、数据接口（API）、数据门户 5 个方面，完成财政支出、经济运行、社会发展、精准扶贫等财政相关数据的收集、处理、存储与可视化。

（1）数据源 数据源包括 AGENT 和 CMDB，其中 AGENT 表示非数据库数据的内外部系统数据，包括财政数据特征、财政需求、经济运转、Wind API、社会监控等信息；CMDB 表示数据库结构内外部数据信息，包括财政部门组织架构、工作职责、考核要求等静态数据。

（2）集群 集群是指功能相同，组合在一起扩大其功能的一组服务器。Kafka 集群作为数据管道，实时传输财政管理相关数据。CDH 集群用于将半结构化数据转化为结构化数据，用于将秒粒度的数据聚合为分钟、小时、天粒度的数据。MPP 集群开拓分布式空间，可以是实体服务器，也可以是云端服务器，用于保存财政相关数据。ELS 集群用于财政相关数据的多维快速全文检索。

（3）数据库 小批量保存财政管理可视化的定制化图形与报表数据。

（4）数据接口（API） 获取外部特定数据的通道，比如 Wind 金融终端、百度地图、天气预报、统计年鉴等数据。

（5）数据门户（TOMCAT Web）网络页面端的数据开放接口，用于实现财政数据共享与开发财政数据 API 供外部访问。

财政数字化平台部署架构设计如图 4-1 所示，其中 Kafka 是数据传输的管道，由于数据库不支持对每条数据进行一次访问，因此，通过管道将多条数据合为一条，减少访问次数。CDH 是分布式的数据处理与运算框架。MPP 是分布式数据库，存储大量历史数据。ELS 是全文检索技术，实现大规模数据的关键字快速查找。API 指数据接口。整个架构通过 Kafka

技术从财政部门 AGENT 中获取实时的数据，在 CDH 集群中进行解析与聚合处理，与较为静态的 CMDB 数据关联，保存到 MPP 集群中，TOMCAT Web 数据门户、数据接口、数据库通过接入 MPP 集群获取所需的数据。

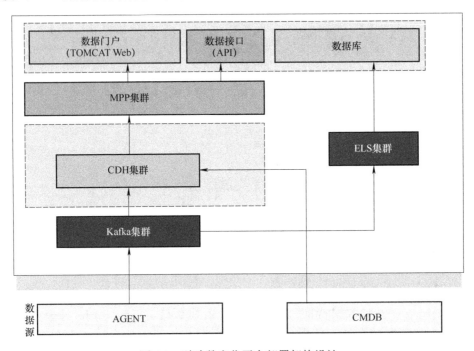

图 4-1　财政数字化平台部署架构设计

4.2　财政数字化转型平台总体架构设计

　　财政数字化转型平台总体架构按如下方式运行。

　　财政运行、经济效果、社会发展、就业情况、金融风险等反馈数据通过 5G 网络通信技术以及 Kafka、Spark 等实时数据采集技术接入到 HBase 数据仓库与全文检索库 ELS。在全文检索库中的数据通过建立索引，实现快速搜索，为财政建立数据仓库。HBase 数据仓库中的财政数据资源通过小时与分钟的聚合，批量导入 Hive 数据仓库中。

　　内部运行数据与财政数据通过 Sqoop 技术非实时地批量接入到 Hive。而外部 API 数据通过 DB API 技术实现此操作。

　　Hive 中的历史数据进入算法模型模块，使用描述统计、聚类分析、关联分析、预测模型、协同推荐、异常告警等处理，对历史财政信息进行挖掘，可以得到平台监控指标、财政特征与风险指标等数据。将数据保存到财政画像档案库，对风险发现与预警、经济运行、财政决策提供数据支持。

　　HBase 中的实时数据进入算法模型模块与 Hive 中的数据模型进行对比，可以对财政运行状态进行实时监控，有利于发现异常、定位异常与解决异常，对财政运行总体状况进行实时健康分析，将异常与解决措施保存到业务知识库。财政数字化转型平台总体架构设计如图4-2所示。

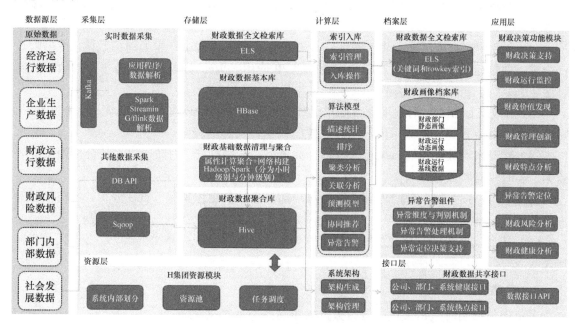

图 4-2　财政数字化转型平台总体架构设计

4.3　财政数字化转型平台概要设计

　　财政数字化转型平台的总体架构，根据财政业务的实际需求可以被分为 7 个层次，即资源层、数据源层、采集层、存储层、计算层、档案层及应用层。

1. 资源层

　　资源层包括系统内部划分、资源池与任务调度。

　　（1）系统内部划分　大数据平台系统内部划分为数据采集、数据管理、数据算法、数据可视化模块。

　　（2）资源池　资源池需要提供 HBase、Hive 及 Spark 等存储和计算资源，并提供相应的技术支持。

　　（3）任务调度　财政数字化大数据分析平台任务调度可以协调数据管理、业务支持、数据可视化、数据 API 及数据检查等功能模块。

2. 数据源层

数据源层包括经济运行数据、企业生产数据、财政运行数据、财政风险数据、部门内部数据、社会发展数据 6 种类型。

（1）经济运行数据　经济运行数据指国民生产总值、消费、投资、进出口等监控数据，实时性较强。

（2）企业生产数据　企业生产数据指企业在社会生产过程中产生的财务数据，使用财政资金进行项目运营的数据，以及财政在企业 APP 应用、Web 页面、第三方平台的数据，实时性较强。

（3）财政运行数据　财政运行数据指财政运行过程中的财政收入、财政支出、税收收入、财政赤字、财政预算、财政用度等实时监控的数据，实时性较强。

（4）财政风险数据　财政风险数据指企业负债、金融杠杆、财政赤字、社会信用状况等数据，实时性与收集要求有关。

（5）部门内部数据　部门内部数据指财政部门整体的组织架构、责任分工、考核指标等内部非静态也非实时的数据。

（6）社会发展数据　社会发展数据指劳动就业、科教文卫、精准扶贫、"三驾马车"、居民收入等信息，实时性较差。

3. 采集层

采集层包括实时数据采集、接口数据采集与静态数据采集。

（1）实时数据采集　实时数据采集是通过 Kafka 生产和消费日志数据源消息，并采用 Storm 和 Spark Streaming 技术进行数据的处理和清洗，并存储到 HBase。

（2）接口数据与静态数据采集　对于这两类数据，通过 Sqoop、DB API 技术进行采集，并经处理和清洗后，存储到 Hive 中。

4. 存储层

存储层包括 ELS、HBase 与 Hive。曾经以集中存储为主的传统关系型数据库，如今也逐渐朝着分布式存储的方向发展，而目前大量的分布式的关系型数据库则能够在兼顾传统数据库的数据特征以及相关模型的前提下，逐渐转变为 HBase、Hive 等分布式数据库模式进行数据存储。

（1）ELS　ELS 支持海量数据的全文检索，库中保存了财政展示与决策的相关数据，可以由系统自动生成，也可以人工手动输入。

（2）HBase　HBase 适合高并发读写场景，用于存储海量的经济运行数据、企业生产数据、财政运行数据。

（3）Hive　通过 Spark Streaming 提取 HBase 中的经济运行数据、企业生产数据、财政运行数据，并通过 TAPI（电话应用程序接口）解析包进行数据解析和过滤，得到财政数据分析关注的数据，并存入 Hive 中。

5. 计算层

计算层的核心在于利用网络中分散的数据计算点针对之前集中存储的财政数据进行相关运算，实现由集中式向分布式的转变（云计算使用了相同的架构，区别在于资源是实体还是虚拟）。

（1）算法模型　采用机器学习算法的 Spark MLIB 库及计算逻辑，对采集的财政相关数据集进行挖掘和特征计算，形成算法模型库；通过对业务数据进行模型训练、特征分析后给财政决策提供有力支撑。

（2）索引入库　对于需要进行全文检索的财政数据特征，经建设索引和入库操作，存入 ELS。

6. 档案层

档案层包括 ELS（关键词和 rowkey 索引）、财政画像档案库、异常报警组件。

（1）ELS（关键词和 rowkey 索引）　ELS 存储了用于关键词统计的财政相关信息，在处理业务问题时可以检索相关数据，进行个性化服务，提高财政服务满意度。

（2）财政画像档案库　财政画像档案库中包含静态的财政基础属性库、特征计算出来的财政画像特征库，以及基于财政数据计算出的项目预测；政府可以通过财政数据特征与画像进行业务流程再造、精准预算、实时监控与绩效考核。

（3）异常报警组件　异常报警组件保存了财政风险识别算法与异常数据。政府通过设定财政数据指标，拟合历史数据状况，建立报警机制，最后对异常进行定位解决，有效降低发现问题与解决问题的成本，维护财政资金平稳运行。

7. 应用层

应用层指可视化的功能模块页面，包括财政决策支持、财政运行监控、财政价值发现、财政管理创新、财政特点分析、异常告警定位、财政风险分析、财政健康分析等模块。

1）提供统计分析、指标可视化展示等功能。

2）提供数据多维分析、统计等功能。

3）提供关键风险的监测，及异常指标的预警和提示灯功能。

4）提供数据录入接口与全文检索的功能，用于统计关键词和分析财政特点。

5）提供数据分析结果与财政决策方案推荐。

4.4 财政数字化转型平台技术路线

4.4.1 财政数字化转型平台服务架构技术

财政数字化转型平台将通过 SOA 体系，以服务为中心来组织系统功能，从而提高服务响应速度，增强系统灵活性，更好地适应业务需求，并提供更好的用户体验。

SOA 是一个典型的 MVC 模式架构，如图 4-3 所示。

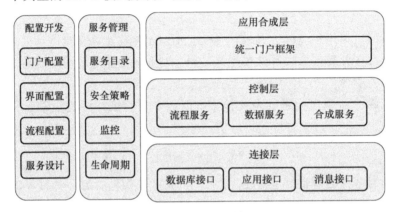

图 4-3　SOA 架构

财政数字化转型平台需与财政部财政数字化转型大数据数据库管理系统、部委财政数字化转型大数据管理数据库等相关应用服务进行应用集成。因此，采用基于 SOA 的应用集成架构对实现系统间的平滑连接非常关键。

4.4.2 财政数字化转型平台应用门户技术

财政数字化转型平台将利用信息门户技术来实现所建系统的统一业务信息门户的资源整合与内容管理，信息发布与多样化展现服务，可有力支持大数据管理工作的开展，拓展业务管理和相关信息服务的技术手段，从而有效提高工作效率、业务管理和信息应用水平，为各类业务管理人员、相关领导提供不同层次的信息服务。

作为用户访问服务的标准系统端口，应用门户框架是以服务架构面向用户的界面，如图 4-4 所示。

政府信息系统经常使用不同种类的解决方案来经营业务，它们的工具集可能包括各种完全不同的解决方案，这时每个应用程序与其他应用程序之间都会存在数据重叠。由于多种原因，政府部门将信息存储在不同的系统中，以各种不同的方式进行格式设置和访问。

每个政府部门面临的挑战就是消除这些困难，以提高服务水平和工作效率。理想解决方案是通过无缝集成平台，使用统一验证实现应用程序的统一访问和有效管理。

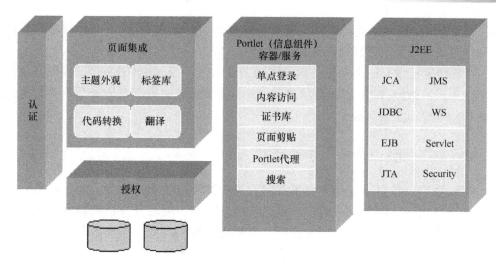

图 4-4　应用门户框架

作为通往信息访问和管理的真正网关，门户是集成政府信息系统应用程序并向用户提供高效和完善环境的最佳形式。通过政府信息系统的统一入口点，政府信息系统门户实现了从一个位置上对所有应用程序的访问。通过将政府信息系统应用程序集成到门户的方式，所有用户可统一、持续地访问信息。用户无须了解信息的来源，这些信息通过"浏览器"工具"推向"用户。单点登录（SSO）是政府信息系统门户提供的一个核心服务，用户登录一次即可访问多个应用程序。

通过提供透明的个性化信息访问（这种信息访问方式独立于真正承载数据的后端应用程序），门户使信息使用更简便。政府信息系统门户的设计很直观，用户能够自己查找信息，无需任何培训，使得信息能够用于更广泛的用户，并通过提供个性化和相关视图，使信息呈现方式更加智能化。门户是提高所有工作人员（从决策者到执行者）办公效率的重要因素，主要涉及以下技术。

（1）栏目管理技术　栏目管理技术具有多层次、分布式的特点，提供不同位置与架构层次的信息门户栏目管理。

（2）模板管理技术　模板管理技术采用频道方式分类管理多种信息展现模板，实现通用表单处理。通过支持模板的层次嵌套，并利用不同的页面访问策略，实现静态与动态信息的发布。

（3）内容管理技术　内容管理技术利用可视化编辑器以"所见即所得"的方式进行信息门户内容的图文混排处理，并通过语言转换平台进行信息展现的多种语言支持。

（4）信息审核技术　信息审核技术通过信息审核控制逻辑，对待发布的信息按照指定流程进行审批，确保信息门户中信息的有效性。

（5）信息发布技术　信息发布技术运用数据管理和更新技术，提供信息的快速发布、定制发布、完全发布、高级发布、后台发布等多种发布方式和技术手段，从而灵活地管理所发布的内容，有效提高系统的性能和人员效率。

（6）信息浏览技术　信息浏览技术采用图文信息、文档、附件等复合文档的发布预览技术，在信息正式发布到 Web 服务器前准确感知真实效果，并在信息发布后利用信息门户的丰富展现功能进行图文信息浏览。

4.4.3　财政数字化转型平台工作流技术

对于财政数字化转型平台牵涉到多部门、多岗位协同处理的业务，将在业务应用系统中采用工作流方式，对新闻中心管理、研究资料库管理、项目及分析测算库管理、机构与专家库管理、数据统计分析、咨询与互动、成果发布等相关业务工作进行网络化业务流程处理。

为此，财政数字化转型平台将采用基于 J2EE 技术体系开发的工作流系统，包括：工作流引擎、图表化流程定义工具、流程运行跟踪功能。工作流系统具有以下功能。

1）系统支持任务自动通知、审批退回、各环节批量数据处理等功能。

2）系统在各审批环节使用专用界面，并支持电子印章，提供完整的电子签章整合接口，方便工作处理。

3）对过程定义进行解释。

4）控制过程实例的创建、激活、挂起、终止等。

5）控制活动实例转换，包括串行或并行操作、工作流相关数据解释等。

6）支持分布式工作流的协同。

7）管理流程的柔性执行。

8）提供支持用户操作的接口。

9）维护工作流控制数据和工作流相关数据。

10）提供用于激活外部应用程序和访问工作流相关数据的接口。

11）提供控制、管理和监督工作流实例执行情况的功能。

利用工作流定制与管理功能，可以定制出环节数量不受限制的各种日常管理、审批流程，并可作为共享引擎，来支持相关管理信息的审批或流转控制。

4.4.4　财政数字化转型平台报表定制技术

报表定制支持各类业务表单的数据采集、公式设置、样式设置、报表生成。通过可视化表单定制器，提供表单的定制、预览、打印、导入、导出等功能。利用报表定制机制，可以根据业务需要快速定义表单格式，并用于相关业务应用。

运用报表模型机制，可以对报表模板进行文件管理、对象编辑、视图过滤、公式设置、数据采集、表格设计等报表设计和处理。报表定制的主要任务如下。

1．报表模板文件管理

对已创建的报表可进行文件管理，完成以下任务。

（1）创建报表模板　报表定制工具与后台数据库进行无缝连接，可选择不同数据源，进行各类报表的定制。通过定制向导，只需根据提示操作来创建报表模板，并在报表模板中按需插入数据项、系统日期、计算域、图片、圆形、页数等。

（2）报表另存　可将报表生成文件保存到磁盘上。

（3）报表导入　可将保存的报表格式自动导入。报表定制机制与 Word、Excel 等文档格式无缝衔接，可将定制好的报表模板自动导入系统，完成对报表的定义。

（4）报表预览　可预览报表内容，系统自动将已录入的数据填充到报表中，实现报表数据的预览。

（5）报表打印　可直接将定制完的报表及其内容提交给打印机，输出纸质档案。系统中通过"打印"功能自动调用报表打印功能，打印出定制的报表。

2．报表模板对象编辑

对已创建的报表可进行修改。在报表中可增加数据列，并将指定数据源中的数据项拖放到报表中。编辑过程中，可对报表格式（比如字体的颜色、大小等）进行调整。报表定制工具可以对以下对象进行编辑。

（1）表格　输入要创建的表格的行与列数进行表格创建，自动形成特定格式的报表，并在此基础上调整报表直到满足要求。

（2）文本　在报表中放入一个文本框，由用户输入文本。

（3）业务数据　业务数据从系统数据库中读取，编辑报表模板时只要将所需数据项拖动到指定位置即可，系统将自动读取相关业务数据。

（4）计算字段　根据指定的数据源，列出此数据源的所有数据字段，按照一定的规则，运用系统内置的函数进行组合，以便在运行报表时提取出所需数据。

（5）字段　放置所选数据源的各数据字段，根据所设置的字段读取相应数据。

（6）数据图片　放置数据库中的图片数据对象，系统自动显示对应的图片，从而可以完成图文自动混排。

（7）日期　放置日期数据，可以设置各个日期显示格式。在报表打印过程中将自动提取所设置的打印时间。

（8）页数　根据实际需要设置报表是否显示页数。对于封面页可以不设置页数，而对于内容页可以设置页数对象，保证打印过程中文档的连续性。

（9）线、椭圆及其他对象　根据实际应用需求，提供椭圆、线、矩形、组合框等对象，用于修饰报表。

针对以上报表对象，可以设置颜色、字体大小、对齐方式、有无边框、是否粗体或斜体等不同属性，并可对其进行复制、粘贴等操作。

4.4.5 财政数字化转型平台数据交换技术

数据交换技术用于在统一的数据交换管理平台上实现财政数字化转型平台所建系统与相关外部系统之间的数据交换。借助于现有的网络、计算机硬件、系统支撑软件，由财政数字化转型平台所建应用软件系统接口来实现跨机构、跨网络、跨系统的业务应用。系统采用标准、规范的数据交换协议，完成业务节点之间的数据交换，从而为各机构的不同信息网络、业务应用系统提供应用数据整合手段。

数据交换基本处理逻辑如图 4-5 所示。

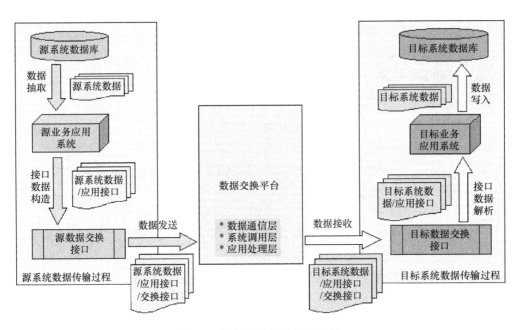

图 4-5 数据交换基本处理逻辑

为了实现系统对业务信息的高效利用，对于通过数据交换平台采集到的各类业务信息，需要进行处理和转换，以适应后续的监督预警、分析决策等功能的要求。系统升级时要对数据处理进行综合分析，提供通用的数据处理和转换功能组件，对初步采集到的业务数据，按照业务要求，需要进行规范的处理转换。数据处理流程如图 4-6 所示。

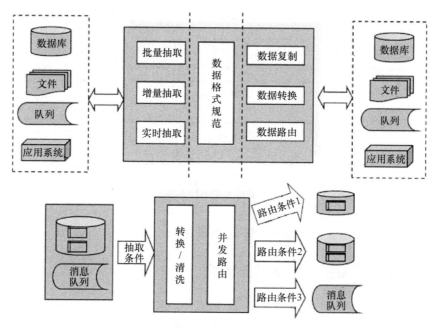

图 4-6　数据处理流程

4.4.6　基于 MVC 模式的分层应用系统设计

财政数字化转型平台所建应用软件系统将设计合理的应用系统分层架构，并采用 J2EE 的 MVC 架构搭建应用软件框架结构，可实现对多种操作系统、应用服务器、消息中间件、数据库的支持。

MVC 是一种把逻辑模型（M）、视图（V）通过控制器（C）的调度而实现分离的程序设计思想。这种抽象结构有助于将应用程序分割成若干逻辑部件，使程序设计变得更加容易。同时，针对数据能够做到访问与展现两者的分离，以提供可伸缩、扩展的控制器，对数据运行流程进行维护，最终实现多用户的、可扩展的、可维护的、具有很高交互性的业务系统。

具体而言，M 即应用程序的数据以及针对数据进行一系列处理的业务准则，通常采用简单的建模技术搭建。当模型产生改变时，V（即视图）能够获取相应模型的数据状态，C（即控制器）能够拥有针对模型包含的应用功能的访问权限。利用 MVC 架构开发应用软件系统的逻辑框架如图 4-7 所示。

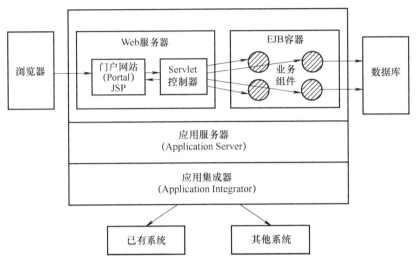

图 4-7　MVC 开发逻辑框架

4.4.7　财政数字化转型平台网络服务技术

财政数字化转型平台是利用 Web Service 技术实现灵活、稳定、安全可靠、易于扩展和维护管理的 Web 业务应用系统，并为整合异构应用系统提供有力的技术支持。

Web Service 技术以 XML 为数据格式，按照标准超文本传输协议（HTTP），将现有应用集成到目标系统中。相较于消息传送等传统方式，该类传输技术拥有较高的系统集成性，能够大大提高数据传输效率。同时，由于 Web Service 技术可穿越防火墙，所以，该技术已成为最有发展前途的企业应用集成标准之一。Web Service 服务流程如图 4-8 所示。

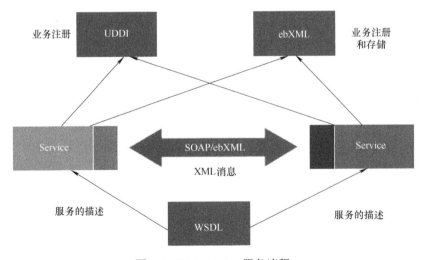

图 4-8　Web Service 服务流程

Web Service 是实现 Web 应用以及众多异构应用整合的重要技术，其核心环节包括注册、发现、绑定和调用（服务），具体涉及以下 3 个层面的技术。

（1）"松散连接"　"松散连接"是指可以使用服务进行应用整合，而无须知道该服务的语言、平台、位置或状态。Web Service 提供了到网站或应用的程序接口。可能存在几个操作，都有自己的输入和输出信息，这些操作组合起来就构成了服务的程序接口。而关于详细的运行内容、平台、语言等重要信息都能够隐藏其中，只要在调用时遵循 HTTP，返回时遵循 SOAP，就能利用 Web Service 灵活集成不同应用。

（2）"发现"　旨在针对服务满足动态发现的要求，SOA 中的三角结构能够表示在面向服务时注册该类交互循环。

（3）"流程"　包括有关服务的决策制订以及控制顺序等信息，并提供选择以及条件循环以满足要求。业务规则负责对流程进行指导和控制。

此外，通过相应的应用中间件产品可很容易地开发、测试、部署 Web Service，并提供异构应用的互操作支持。应用中间件产品对 Web Service 的支持内容主要如下。

1）满足 Web Service 的常规要求，并符合 SOAP 1.2、WS-Security、UDDI 2.0、WSDL 1.1 等各类技术标准。

2）支持与异种环境下的 Web Service 进行互操作。

3）可以通过相应工具，利用已有的组件（比如 EJB、Java 类等）构建 Web Service。

4）支持同步和异步的调用方式，HTTPS 和 JMS 传输协议，并提供 Web Service 的国际化支持。

5）稳定的技术实现环境，以保障 Web Service 有序测试与研发。

4.4.8　财政数字化转型平台 Web Push 技术

Web Push 技术是一种基于客户服务器机制，由服务器主动将信息发往客户端的技术。相较于典型的 Pull 技术，Web Push 技术的差异在于究竟是服务器主动发布相关信息还是根据客户端请求信息而发送信息。Web Push 技术效率高、时延低，且可节省带宽和 CPU 时间，对于高性能查询、即时通信消息弹出、预警服务等信息的及时展现具有重要意义。

Web Push 技术基于 Java Servlet 运行，数据能够不依靠相关插件，直接由服务器端 Java 传送至目标浏览器 HTML 界面。Web Push 运行示意如图 4-9 所示。

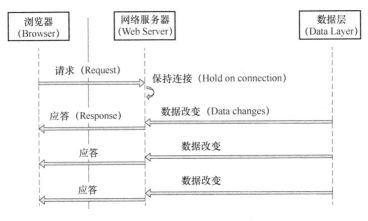

图 4-9　Web Push 运行示意

4.4.9　财政数字化转型平台数据资源策略

数据资源与人力、物力、财力、自然资源等具有同等重要的地位，需要对其进行有效的规划与管理。数据资源经历了三种不同形态的演变，即数据、信息、知识。因此，所要规划的内容也就包括对这三种形态数据资源的规划。

（1）数据规划　初始的数据资源分布于不同业务类型的数据库之中，往往以关系表或文档形式记录了相应实践活动的相关信息，无论是数据类型还是数据属性，通常都不一致。数据资源规划的首要任务就是规划出一整套数据体系结构，为结构化和非结构化数据提供存储和处理的基本容器。

（2）信息规划　由于不同数据库中的初始数据仅仅是关于相关业务的原始记录，不足以全面反映业务内容的数据分析活动。因此，要实现商业智能应用，就要建立数据库，将其中的数据转换为更有意义的信息（比如各种汇总数据），即数据资源规划的第二项任务是对组织所关注的信息进行规划，作为数据库设计依据。

（3）知识规划　数据库搭建成功后，能够对目标数据信息进行分析以及挖掘等处理，从而获取价值信息。具体而言。BI（商业智能）系统中包含的各类数据处理工具，有助于系统使用者高效提取目标数据，迅速获取有效信息。数据规划还包含了知识规划的功能，即根据用户需要和业务要求，针对数据分析获取的知识及其关系进行归纳总结，进而为系列数据处理工具的研发与设定提供可靠的现实支撑。

为此，需要开展如下数据资源规划与整理工作。

1）根据国家、行业有关标准规范和业务需要，制订一整套数据体系结构，包括分类标准、指标体系、编码规范、存储方式，并完成数据资源的收集、整理、编码、入库等工作。

2）根据上述各类资源的业务关系，提供相互关联的多维综合数据模型。

3）根据有关数学模型建立分析、预警模型，为决策支持提供依据。

4.4.10　财政数字化转型平台开发管理策略

统一软件流程是业界先进的软件开发过程，如图 4-10 所示。

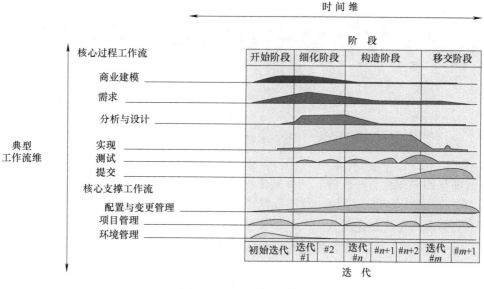

图 4-10　统一软件流程

对成功软件开发经验的复用是定义软件开发过程的集中体现。该软件过程对下面 5 个典型软件开发经验进行了很好的重用。

（1）迭代开发　现代软件应用的范围越来越广、层次越来越深，软件系统的复杂度也日趋增加。软件系统的需求很难一次确定，"迭代开发模型"注重软件的逐级完善，通过在软件开发过程中与用户不断交流、沟通，来调整软件产品，最终达到高质量生产的目的。

（2）需求管理　需求管理包括需求的提取、组织、归档、跟踪等。

（3）组件化的体系结构　系统从软件需求分析开始建立组件化体系结构。组件是面向对象技术的具体应用。通过组件化体系结构可将系统建设成为"柔性软件系统"，其最大特征就是系统的自适应能力，表现为软件体系结构的自适应能力。目前广泛应用的面向对象技术就是增强系统自适应能力的有效手段。

（4）确认软件质量　软件质量是影响软件能否成功应用的关键因素。在财政数字化转型平台的应用软件开发过程中，软件可靠性、系统性能、软件功能等质量因素都可在软件开发各阶段得到跟踪、控制与保证。质量管理方式采用"事前"管理而非"事后"管理。

（5）软件变更控制　软件变更管理是软件迭代开发模型成功的关键，包括对开发过程的各阶段中的模型、代码、文档进行跟踪、控制和管理。

第 5 章

财政数字化转型平台数据中台详细设计

5.1 财政数据中台采集方案详细设计

平台涉及的源数据资料主要包括企业生产数据，财政风险数据，部门内部数据，社会发展数据，财政预算、决算、监控、考核数据，项目信息以及财政相关的其他数据等，针对具体的财政数据源类型提供适配模型的对应源数据接入方式。

（1）PyDB 方式　该方式能够满足 Oracle、MySQL、SQL Server 等多种常见的关系型数据库的接入。

（2）PyAPI 方式　该方式支持 Rest Full API 数据源的接入方式。

（3）PyInte 方式　该方式支持 TXT、CSV、Excel 等文本和结构化数据的导入。

（4）PyDocs 方式　该方式支持 PDF、DOC、PPT 等工程设计的文档资料的采集。

（5）在线申报或填报方式　该方式支持 Web 页面的文档上传或数据填报。

由这几种方式组成的数据自动采集框架如图 5-1 所示。

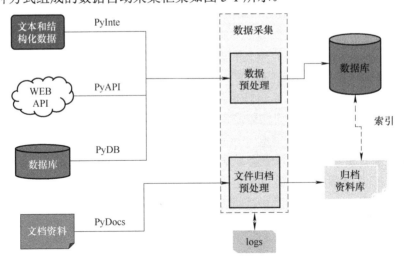

图 5-1　数据自动采集框架

在数据采集过程中，规范数据采集方法，明确数据成果的内容需求、成果类型、采集范围，对敏感的文件类型数据应进行加密处理，并预留数据存储扩展接口。将源数据汇聚接入，为设计质量评价管理平台提供原始数据支撑。手工填报示例和文档上传示例如图5-2和图5-3所示。

图 5-2 手工填报示例

图 5-3 文档上传示例

5.2 财政数据中台存储方案详细设计

5.2.1 财政数据中台数据存储方案

财政数据的存储方案将提供数据资源管理、元数据管理、目录管理、备份管理等数据资源管理功能，以及组织人员管理、财政权限管理、日志管理等系统管理功能。

根据采集的数据源研究设计数据的存储格式，比如数据库和结构化的数据通过加工处理，存储到基础数据中；对于相关文档资料，确定文件与基础库的映射关系，能够方便检索、查阅下载；研究数据库表结构、字段、文件名称的编码规则，形成科学清晰的存储规范。

通过数据存储服务引擎提供资料信息检索，数据指标计算存储，以及文档资料下载功能，用于支撑数据统计、分析和文档查询、下载的需求，其结构如图 5-4 所示。

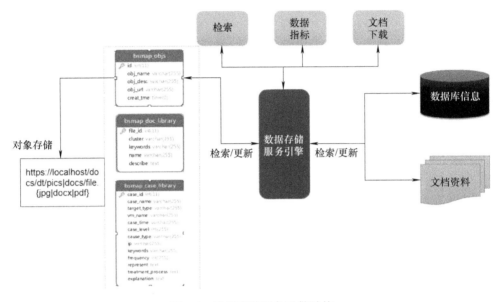

图 5-4　数据存储服务引擎结构

为数据存储设计备份策略，建立完善的备份机制，利用数据存储平台功能，实现数据资料的定期备份。

5.2.2　财政数据中台数据存储规则

财政数字化转型平台将根据系统的信息资源管理与应用要求，对数据资源进行统筹规划，按照信息模型建模标准、数据库范式设计规范，依次建立起功能健全的逻辑数据库、概念数据库、物理数据库模型。同时，在数据库建设过程中，制定标准的数据类型、数据内容规范，为项目单位提供唯一的标准信息源，确保其数据准确、一致、有效，从而提高信息的共享利用水平。

1. 数据库的基本规则

财政数字化转型平台将按照如下标准化规则来设计数据库。

1）以框架结构设计为主要内容和工作重点。

2）数据信息分阶段逐步齐全。

3）明确财政数据库的基本数据类型，针对数据量级进行合理估计，以数据类型为标准确定对应的数据存储形式。

4）根据标准化后的业务需求建立数据表和索引表，分别给出数据字典。

5）确定数据安全性的实现方式。

6）确定数据的基本查询条件和访问方式，实现多条件查询数据。

2．数据库的设计和开发

应用数据库的设计包括逻辑设计与物理设计。具体数据库的应用效能与逻辑设计的合理性息息相关，甚至会影响到后续的数据库维护工作。在具体的设计过程中，实体关系模型也能根据数据库的应用目标进行抽象处理，以标准化的关系模型形式反映其实体关系，当前有一些辅助工具（比如 Power Designer 等）来实现实体关系图到 SQL 代码的映射；数据库物理设计就是数据库对象的存储设计，即如何为数据库对象分配存储空间。

除了对数据库对象进行设计之外，研发人员还应当针对数据库的具体应用以及财政数据的关系进行详细解释，基于具体的应用方向确定财政数据库对象的设计思路，主要包括以下几个方面内容。

1）明确财政数据库的目标用户，根据用户角色分配对应的空间限额以及系统权限，并确定其资源限制程度。

2）对于应用数据的设计采取分表处理，确定不同用户对于同一表单的使用权限，以及不同表单的所属用户。

3）明确各表的结构，确定表的主键及约束。

4）明确哪些表是应用运行的关键表，哪些是事务表。

5）分析哪些表是主表，哪些表是从表，确定表和表之间的外键约束，选择合适的表作为表连接的驱动表。

6）根据应用，确定在哪些表上对哪些列建立合适的索引。

7）基于索引以及表单的内容，明确对应表空间以及回滚段的设定，进而分配对应的磁盘空间，并且秉承尽量精简数据库管理工作量的原则，创建适当大小的表空间以供本地管理。

8）明确需要编写的触发器及过程。

9）为数据库对象选择备份和恢复策略。

在数据库设计过程中，可能存在部分数据库对象特征不能具体确定的状况，也导致后续的应用开发存在一些疏漏与有待改进之处，因此在研发完成后进行回溯调整也是不可避免的。需要注意的是，为了尽可能避免此类问题的发生，初始阶段的设计工作需要尽量详细周全，以提高后续研发效率。

3. 数据库对象的创建

数据库对象的创建过程是围绕数据库对象展开的活动，需要结合存储设备的数量、空间以及读取速度等情况进行特殊处理，进而关于目标对象进行分类存储，尽可能地避免资源竞争的情况。需要关注以下几点内容。

1）具体应用数据切勿存储在系统的表空间，而应当置于单独对应的表空间中。为了从根本上避免系统表空间被使用这类情况的发生，应当将各用户对应的系统表空间限额设置为0。

2）为了提高财政数据库的运行效率，不同的索引与表应当被置放于不同的表空间中。

3）需要同时被访问的表要分开存放，以利于并发访问的实施。

4）考虑到磁盘数量的限制问题，应当将不常联合访问的表置放于共同的磁盘中。

5）预分配的原则。在回滚段、表空间以及索引等数据库对象的创建过程中，针对具体对象确定对应的 storage（存储）参数至关重要，涉及对象容量的估计，因此需要估计数据库对象的后期增长。具体而言，数据库对象在设计之初就应该分配足够的合理空间，而数据库段则需要避免动态扩展，否则数据库运行效率受损。利用 extent（范围）构成对应的 segment（分块）应当是最合理高效的，同时 initial（初始化）参数需要适当扩大，甚至在条件允许的情况下将其设置为最大容量；此外设置 next（指针）参数时应当保持其灵活性，根据具体的应用需求确定；pctincrease（空间碎片回收）参数需要尽量设置为 0 以避免数据库碎片化；pctfree（填充因子）参数的设置则需要尽量灵活多变，在后续操作较少的段设置小些，而更新较多的段则设置大些；最后 inittrans（初始事务数）和 freelists（填充列表）在关系设置上应保持相等，以确保大小与并发事务数量之间的关联。

6）分而治之的原则。数据库中的表和索引在进行存储的过程中可以考虑分区处理，即放置于不同磁盘，以提高 I/O（IN/OUT，输入/输出）均衡性。此时，数据库系统在进行具体类型对应的分区查询活动时，输出效率能够大大提高。另外，分区之后同样可以实现数据的增删改查，或在后期进行分区移动，这也充分提高了数据管理的灵活程度。同时，在进行数据处理时可以选择更多的操作策略，减少数据操作失误。对某些分区进行操作后，需对数据库系统重建全局索引。

7）为有效避免硬盘碎片的出现，改善空闲空间的重复利用性，诸如增长趋势、大小相似的表应尽量坚持同表空间存储的原则。

8）相同备份和恢复策略的表最好放在同一表空间，以利于数据备份和恢复。

9）鉴于部分应用对于响应速度具有较为严苛的要求，这部分应用对应的访问对象应当尽量存储于响应时间短的磁盘中。

10）采用关系数据模型进行设计，关系模式应规范化，数据表结构设计应合理。通过分解关系模式，消除冗余属性和冗余联系，达到 3NF（3 范式）或 BCNF（鲍依斯-科得范式）。对存储效率和处理效率有特殊要求的部分关系模式，可适当增加部分冗余，以避免过分分解降低数据库性能。

11）通过主键定义确保数据库表中每行是唯一的，实现实体完整性。同时，通过主外键关系定义实现引用完整性。此外，通过属性值约束来保证字段值合法有效，实现域完整性。同时，数据库的完整性也能通过限制、约束、存储等过程得以维持。

12）对于经常访问的数据库表建立索引，以提高访问效率，并且对常用业务查询避免跨库检索。

13）考虑数据库结构的适应性和可扩展性，避免系统移交后修改数据库结构。

5.2.3　财政数据中台数据备份方案

1. 数据备份的条件

为保证财政数据资源的完整性与一致性，免除后续不必要的系统错误，数据备份的操作不可或缺。对于成熟的数据备份流程而言，需要满足以下条件。

（1）稳定性　数据备份的过程中，数据本身的稳定程度是要重点关注的内容。一方面备份软件与操作系统之间高度的兼容性是不可忽视的，另一方面数据的稳定能够保证在故障发生时及时响应并恢复。

（2）全面性　随着技术进步，各种软件操作平台如雨后春笋般涌现，不论是使用广泛的 Windows 系统还是程序员偏爱的 UNIX 系统，都安装了诸如 ERP（Enterprise Resource Planning，企业资源计划）、数据库等各具特色的应用软件，因此对于备份软件的选取，应当注意其全面性，即能够普遍适配于各种操作系统与数据库。

（3）自动化　鉴于工作性质的差异，不同系统关于备份操作的设置均存在一定的区别，这也会对数据备份流程产生一定的操作隐患。财政办公时间之外进行数据备份能够减轻系统运行的负荷，但是却会为系统管理员带来工作时间之外的负担。因此，依靠磁带库等技术进行定期自动备份的功能十分重要，同时也能提供相应的日志记录，对异常情况进行自动预警。

（4）高性能　鉴于不断增长的业务数量与业务内容，相关财政数据量在日常生活中呈兆级增长，数据更新也更加频繁，工作时间展开备份工作会影响财政数据系统的运行效率，而工作之外的时间却也不足以满足大量的备份需求。因此，在进行数据备份工作时，可以同时运行多个磁带机以提高备份效率。

（5）维持业务系统的有效性　在数据进行高效备份的同时，业务系统的性能也会在一定程度上受到影响，而通过相应的技术手段尽可能地减少数据库、服务器、网络等受到的影响，是十分重要的。

（6）操作简单　鉴于不同领域的数据备份工作有所区别，相应的备份工作人员也属于不同组织机构，为提高数据备份效率，减少数据操作人员不必要的时间消耗与工作压力，图形化用户界面以其界面直观、操作简单的优势脱颖而出，大大降低了数据备份工作的难度。

（7）实时性　关于数据备份，各工作任务的需求各不相同，部分关键任务对数据备份具有全天不停机更新的特殊要求，甚至在备份的同时，目标文件仍处于运行状态。因此，在数据备份时需要保证数据文件内容不受损，并且能够实现具体事务的追踪以及文件的实时查看。

2. 系统数据备份类型

系统数据备份类型主要有以下三种。

（1）全备份　每次的备份活动都包括了所有的数据资源，这种方法能够保证后续数据恢复的高效进行，但鉴于备份目标广泛、活动耗费时间长，备份工作量比较大。

（2）增量备份　新一轮的备份活动均立足于上一轮备份活动展开，即仅备份与之前相比更新后的数据资源，这种方式能够大大减少备份工作的数据量，但是后续数据恢复的对象却不仅是一次记录的备份，而是多次记录的数据备份。

（3）差异备份　与增量备份类似，备份与目标备份记录相比有不同的数据内容，但并不是与上一次备份活动相比，而是与最近的一次完全备份活动相比。此种备份方式的优劣势介于完全备份与增量备份之间。

3. 系统备份策略

（1）旧数据备份策略　在财政数字化转型平台建设过程中，结合使用三种备份方法，及时备份以下各种数据和文档。

1）财政数字化转型各数据管理库的内容。

2）系统配置数据库。

3）各应用服务器、数据库、主机操作系统及配置环境。

（2）新数据备份策略　建议旧数据保持以前的备份策略不变，而对于新的 Portal 数据库数据，采用以下备份策略，备份有效期 3 个月。

1）每个月 1 次全备份，可以安排在月末结算后的晚间进行。

2）每周 1 次累积增量备份，可以安排在周末晚间进行，备份窗口不变。

3）每天 1 次差异备份，可以安排在每天晚间进行，备份窗口不变。

5.2.4　财政数据中台数据恢复方案

数据的灾难恢复是在业务流程中某部分环节的故障因素引起数据系统无法开展正常工作时，不得不采用的数据恢复技巧，以及关于数据系统的相应损失评估。完善的备份策略对备份系统的运行而言是不可缺少的，可以迅速应对数据灾难的状况，及时恢复系统数据。

数据备份的主要目标是避免有效数据在突发的数据危机中有所损失。为了避免数据丢失，在系统运行出现问题时的当务之急是找出受损数据并进行恢复。任何数据业务流程都不希望发生数据灾难，这虽然是不可预知的突发事件，但却能够通过前期准备措施尽量减小甚至规避风险。因此，应对各种突发状况的解决措施与数据恢复方案具有十分重要的作用，根据突发状况的可能发展趋势，几种系统故障解决方案见表 5-1。

表 5-1　系统故障解决方案

序号	系统出现的问题	解决方案	备注
1	主机数据磁盘（非系统盘）故障	对于使用了 RAID1、RAID5 等技术的数据盘，可直接采取热替换硬盘处理 对于不能访问的数据盘，则需对物理盘进行相关修理，再从备份介质中恢复数据	
2	主机物理损坏	完成任务切换 维修主机	系统有双机
3	系统盘物理损坏	切换应用 替换系统盘 通过备份系统的灾难恢复功能恢复操作系统	系统有双机
4	操作系统不能启动	切换应用 直接通过备份系统的灾难恢复功能恢复操作系统	系统有双机
5	病毒或黑客攻击等人为因素导致磁盘上数据损坏	借助之前的数据备份介质进行数据恢复	
6	数据中心灾难	由于数据中心灾难导致的备份数据遭受破坏，传统的数据恢复方案无法实施，需要根据具体情况确定有效的解决方案	

由于财政数字化转型平台具有数据可靠性高、数据来源广、数据更新频繁等特点，对应的数据备份系统需要具有较高的软硬件配置，以满足海量的数据存储与备份需求，同时还应保持良好的财政数据扩展能力。因此，为实现高效备份管理，建议采用高性能的、高度模块化的、开放的备份软件。

除了做好备份工作之外，还要不定期开展系统恢复演习，在实验环境下，将系统根据备份数据进行恢复。只有深入了解各种系统运行过程中的安全风险，并做好足够的防范和事后补救计划，并进行实战演习，才能在数据灾难真正降临的时候能够安然渡过难关，尽量将损失降到最低。

5.3　财政数字中台数据仓库建模详细设计

5.3.1　财政数字中台数据接入

使用 Python 代码编程完成各个系统的数据录入，包括 TXT、Excel、MySQL 等格式；

基于 Linux 环境设置数据更新定时，更新频次为分钟、小时、周、天、月、年。

5.3.2　财政数字中台数据仓库建设

财政数字中台数据仓库建设主要包括以下几项工作。

1）整体数据仓库架构的规划与设计工作。

2）开展数据指标体系的接口规则、计算规则、应用场景的梳理与设计工作。

3）数据指标体系的设计与开发工作。

4）数据计算规则核查、数据质量校验工作。

通过 Power Designer 进行总体数据仓库架构设计，通过 Navicat 进行数据仓库建设与管理。利用 Python 语言的灵活优势，能够实现可定制的数据校验操作。

5.3.3　财政数字中台数据 ETL 实施

财政数字中台数据 ETL 实施包括以下工作。

1）数据主题的抽取、开发工作。

2）数据主题的实施、维护、升级工作。

结合 MySQL 函数，在数据存储过程中实现数据主题的抽取、开发。以 ODS、DWD、DWS 层级模式进行数据仓库建模。数据仓库监控架构如图 5-5 所示。

5.3.4　财政数字中台数据校验

财政数字中台数据校验包括以下工作。

1）可根据数据标准和设定规则自动进行有效性检查，自动排除无效、重复的数据，提高数据有效性。

2）校验规则支持值列表、值范围、数据关联等多种方式。

3）支持校验查重；实现值定义和校验。

使用 Python 编程实现复杂的数据逻辑检验，使用 MySQL 存储过程实现数据字段格式校验。

5.3.5　财政数字中台数据可视化

灵活的可视化控件，直接提取数据库字段进行可视化。使用 Axure 进行可视化设计，通过可视化平台进行数据库抓取式的快速批量数据可视化工程。

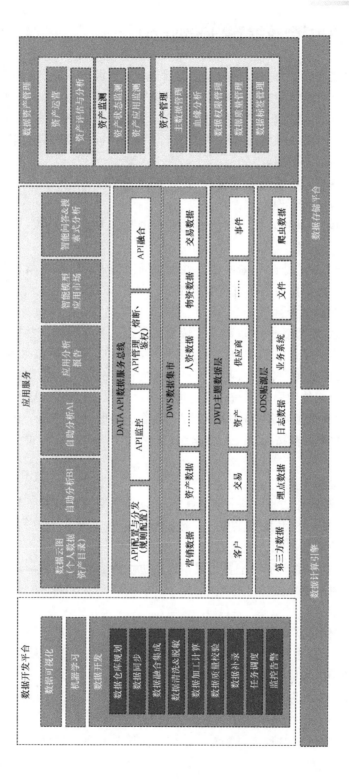

图 5-5　数据仓库监控架构

5.4 财政数据中台数据输出详细设计

数据中台主要实现对所有财政相关数据的管理，是资源检索服务功能的扩展，将对财政政策库资源、研究资料库资源、财政项目及分析测算库、机构与专家库、统计分析数据资源等各种共享资源进行跨区域统一检索和分级呈现，实现一站式跨库检索。在接收到用户关于数据的检索请求时，该系统将根据用户需求，针对多个目标资源发起检索活动，并对检索结果处理后输出，以供用户使用。

系统提供完善的统一检索与分级呈现功能，如下所述。

（1）检索引擎与导航管理

1）系统提供导航和选择功能，可以通过字母浏览、关键词搜索、资源分类导航等方式帮助用户选择资源。

2）系统可动态添加、删除引擎实例，并提供通用检索和专题检索、数据分类导航等功能，可根据子系统特点搭配各种附加检索功能。

（2）数据资源搜索引擎管理

1）系统将组织、整理各种财政数字化转型信息资源的元数据，并按数据分类和用户需要来建立特定的搜索引擎，从而实现跨库检索功能，构建完善的财政数字化转型平台。

2）系统可设置资源类型、字段类型、自定义文件格式，对异构资源进行整合处理，并建立数据资源统一检索的索引。系统还可对搜索引擎进行优化诊断分析。

3）系统按元数据规范对各类资源的抽取、整合、关联映射等统一检索环节设置相应的处理规则，将异构数据资源按照统一检索机制进行搜索引擎管理，以便支持相关数字资源的检索、共享利用。

（3）数据资源检索配置

1）系统将对多种网络数据源进行灵活配置，以提供高效的检索服务。

2）系统可利用 Web 资源配置工具、元数据框架编辑工具，对统一检索数据资源进行检索配置，灵活控制检索数据源、检索方式。

3）系统提供可视化数据资源配置工具，对数据关联、检索方式、展现字段进行配置，可有效提高资源配置效率和维护工作效率。

（4）元数据检索

1）系统利用文件格式和映射模板，针对财政数据的元数据进行检索。

2）系统可对多个分布于网络上的资源进行检索，基本方式是分析 Web 页面，采用元数据提取技术，在统一的检索页面按所输入的检索条件进行统一检索，并显示检索结果。

（5）全文检索　系统提供全文检索功能，在检索过程中也提供标准检索以及高级检索两种方式，同时也能够支持针对检索结果另外发起的二次检索请求。

1）标准检索。系统对财政项目编号、法律条文编号、项目时间等简单条件的检索。

2）高级检索。系统可按多种条件组合的检索，并可设置检索方式、检索结果的数据项。

3）全文检索。系统按照关键字对财政相关的文本、文档资料、图片、音像资料进行检索。

5.5 财政数据中台报表定制详细设计

报表的主要形式。

报表组件支持复杂式中国报表、交叉分析表、可交互式综合查询报表。

（1）复杂式中国报表 实现复杂表头的报表样式，可按用户习惯形成固定表、多级浮动表、交叉浮动表等，如图 5-6 所示。

图 5-6 复杂式中国报表

（2）交叉分析表 交叉分析表的行列要素可通过拖动直接设置，表图综合展示，表图联动，如图 5-7 所示。

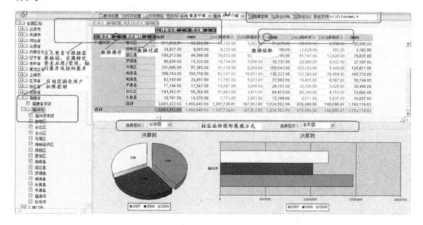

图 5-7 交叉分析表

（3）可交互式综合查询报表　实现可交互式查询、动态分组查询和相关图形展示，如图5-8所示。除了共享通用报表的基础数据对象登记、业务数据对象登记、数据源定义和对象权限管理功能，还包括查询定义和查询展现功能。

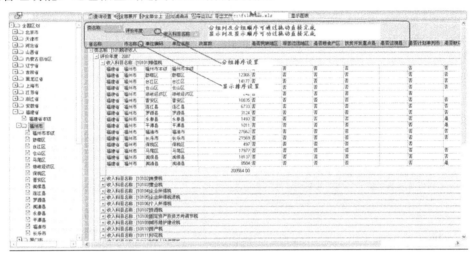

图 5-8　可交互式综合查询报表

主要实现以下功能。

1）分组要素可通过拖动直接设置。

2）Excel 方式的数据过滤设置。

3）图形分析角度可动态设置。

数据查询界面如图 5-9 所示。

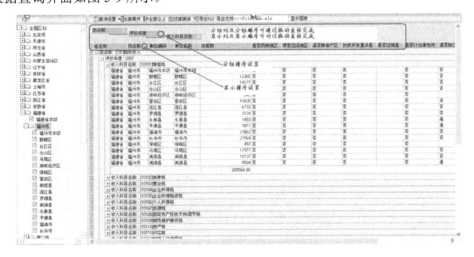

图 5-9　数据查询界面

图形分析界面如图 5-10 所示。

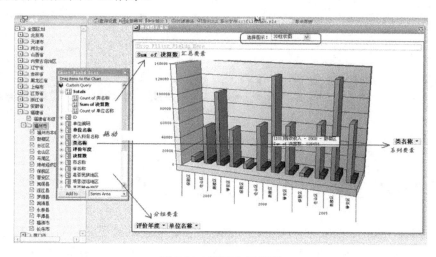

图 5-10 图形分析界面

第 6 章

财政数字化转型平台数据智能详细设计

6.1 财政数字化转型智能报表开发

BI（Business Intelligence，商业智能），是随着互联网技术的更新与商业信息化的深化应运而生的。BI 对于经济组织的有效决策具有充分的助力效果，能够高效处理数据信息，进而为后续策略的制定提供可靠依据。关于 BI 的定义仍存在一定的分歧，部分学者将其定义为从数据的收集到知识的转换以及后续的实际应用这一整个过程。也有部分学者提出，BI 应当是数据、信息以及知识三者之间连续转换的过程。事实上，BI 并非新技术，是关于客户关系管理（CRM）中对联机分析处理（OLAP）以及数据挖掘（DM）等技术的结合应用。

BI 技术的应用架构如图 6-1 所示。

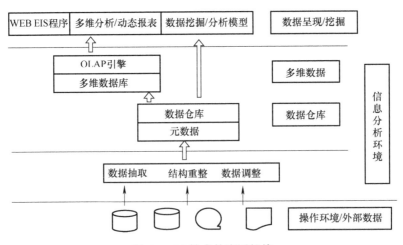

图 6-1　BI 技术的应用架构

财政数字化转型平台将借鉴相关 BI 技术理念，在数据获取、数据挖掘、数据分析、展示利用方面，合理规划相应的数据分析模型，建立业务信息资源的分级管理和应用机制，辅助实现全国社会保障基金（即社保资金）信息管理的业务监督预警、分析决策、信息展现等业务应用。

数据挖掘分析运用报表组件及商业智能分析工具组件，可为管理层的分析决策工作提供有效支持。商业智能分析工具架构如图 6-2 所示。

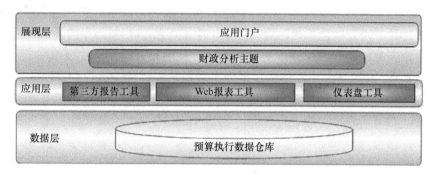

图 6-2　商业智能分析工具架构

平台通过第三方报告工具、Web 报表工具、仪表盘工具，结合业务决策、统计口径的要求，定制最终的固定报表、多维分析报表、仪表盘等展现模式以供数据结果的分析。

Web 报表工具有一个简单灵活的用户交互界面，可借助安全的内联网和外联网构建相关数据报表，并进行数据分析。

Web 报表工具利用"即时报表分析"的优势，可以查看文档元数据，过滤结果并对结果进行排序，添加新的统计图、表、公式和创建变量，设置和更改统计图、表的布局格式。通过向统计图、表中添加其他数据，Web 报表工具可以实现结果数据的切片、切块、钻取，并分析所显示结果背后的详细数据。另外，Web 报表工具可将生成的 pdf、Excel 文件保存到本地和服务器端，在打印报表时可生成可移植文档格式（pdf）副本。

仪表盘工具可将静态表格转化为动态表格、饼形图、柱形图、折线图等直观的数据展示形式，进行可视化数据分析，并可通过多种"如果，那么会"类型的情景分析进行预测。仪表盘工具提供新颖的分析结果展现方式，其展现内容为重点关注的关键绩效指标（KPI）。仪表盘展示形式不仅丰富了最终用户的视觉效果，而且极大提升了最终用户的动态可视性效果。

6.1.1　财政数字化转型平台数据智能总体规划说明

目前，我国经济发展面临的环境和所处的内部状况都发生了重大变化，美国联邦储备系统量化宽松政策持续影响世界经济，中美贸易摩擦升级带来了新的不确定性，"去杠杆"政策对民营经济造成了一定影响。因此，我们更需要一个统一的财政数字化平台提供影响因素及其效果的数据化与可视化，以做出科学有效的决策。财政数字化转型平台智能总体规划分为以下几个部分。

（1）第一部分：总报告　主要对我国的财政政策发展历程进行回顾以及对未来的发展方

向进行展望。中国的财政政策仍然在保持积极的取向，甚至更加积极进取，更加注重"聚力增效"。通过大力实施减免税、优化财政支出结构、聚焦财政政策方向，可有效应对各种不确定因素的影响，促进经济平稳运行和社会可持续发展。在稳中有变、稳中有忧的形势下，财政政策应以公共风险管理为指导，提高效率，注重经济和社会运行的确定性，发挥"定海针"作用，在改善就业状况、稳定市场预期和社会预期等方面发挥积极作用。

（2）第二部分：财政与宏观经济运行报告　分别从经济社会运行和财政运行的角度进行分析，同时提出要从多方面关注未来可能出现的一些风险点；另外也对未来经济形势及财政收支进行报告，对未来经济形势进行预测，包括 GDP 增速、投资规模、消费水平、货物和服务进出口额、CPI、PPI 等。

（3）第三部分：财政与税收报告　从税制改革，特别是个税改革进行分析。我国的税收政策调整较大，多税种进行减税调整；从税收运行看税收收入增长形式。始终坚持增值税改革实践，推进消费税变革，加强房地产税改革力度并加快相关立法进程，改善企业所得税相关政策措施，优化个人所得税的征收管理机制，在税收立法的基础上对其他税源进行积极的改革。

（4）第四部分：风险管理报告　分析地方政府的隐性债务、金融风险、政府与社会资本的合作情况。由于 2008 年金融危机的爆发及持续性影响，各级地方政府债务状况始终不容乐观，但在中央及时发布的债务相关政策的监管之下，各级地方政府也能根据要求将债务风险控制在合理范围之内。自 2014 年实施所谓的隐性预算法以来，地方政府相应的非法行为有所增加。因此，各级政府也采取了相应的措施，抑制隐性债务的增长。风险管理报告在分析金融数字平台报告中存在的隐性债务问题的基础上，将提出未来隐性债务风险监管的原则和政策建议。针对金融风险的发生，中央财政部门确定了"稳中有变"的基本方针，坚持"结构性去杠杆"的原则，发布了一系列用于反周期调控的财政政策，以"大力发展民营经济，防范化解重大金融风险以及优化经济运行环境"为核心内容，努力达成六稳发展目标，即稳就业、稳金融、稳外贸、稳外资、稳投资、稳预期。

6.1.2　财政数字化转型平台数据智能管理驾驶舱

1. 财政发展情况概览

在财政方面，适应经济社会发展是十分重要的。就当前而言，中国经济发展呈稳定增长的趋势，各项经济指标稳定提高，经济运行质量也显著改善，各级财政部门收入持续增长，财政状况发展稳定。财政发展情况主要包括当年 GDP、就业数量、消费总额、投资总额、贸易收入等指标，通过省份、时间、行业等分类，通过衍生同比、环比等数值进行趋势、板面分析与区域、行业分布分析。

2. 财政运行情况概览

财政与经济就像局部与整体，财政运行要依赖于经济运行的整体联系才能发挥功能。在确定与经济运行相适应的经济要素之间的作用关系及连接方式之后，后续的财政活动就需要遵循其客观要求，及时调整运行机制以确保其符合经济发展需要。

财政运行的表现是财政收支情况，这也是其过程和实体，体现了分配关系。财政运行包括但不限于以下形式：上缴利润、物价补贴、税收、政府投资、社会性支出、政府债务、亏损补贴。作为国民经济整体一部分的财政运行，须从整体国民经济出发。首先，财政的具体运行方式需要根据财政活动与其他相关活动之间的联系与作用来确定；另外，财政现象在商品的生产、流通以及消费等各个环节所产生的双向影响也不可忽视。

财政运行情况主要包含当月财政收入、当月财政支出、财政收支缺口、当月税收收入等指标，通过省份、时间、财政类型等分类，通过衍生同比、环比等数值进行趋势、板面分析与区域、财政分布分析。

3. 省份画像

财政省份画像有利于国家对每个省份进行评价、监管、考核。我国各省份的财政现状是除个别省份能够对国家财政收入产生净贡献以外，大部分地区的公共活动开销均离不开中央财政部门的资金支援。但需要注意的是，这种情况不论是在我国历史环境中，还是在发展状况类似的国家中，都不是罕见现象。让生产要素在不同地区之间自由流动，通过提高经济效益做"大蛋糕"，利用金融系统调节区域之间的税收利益，促进基本公共服务均等化的实现，这是国家治理模式的较理想局面。"十二五"以来，只有 9 个省份净贡献国家财力，其他 22 个省份均需要中央政府的补贴，这是中国地区长期发展不平衡的财政反映。事实上，至少自改革开放以来，中国基本上保持了 10 个省份对国家财政净贡献的局面，而其余省份需要中央政府的补贴。每个区域对国家的财政贡献不能等于该区域对国家的贡献。一些欠发达地区虽然需要中央补助，但为发达地区的人力资源和能源开发做出了巨大贡献；一些地区还具有重要的战略地位，为维护国家领土安全做出了重要贡献。

其次，省份画像可以帮助理解各省财政对国家财政的贡献或中央补助数额，可以形成中央与省级行政区域之间的财政分配关系，这并非地方财政缺口或债务压力，如图 6-3 所示。排名靠后并非意味着当地存在巨大财力缺口，也并非意味着当地财政运转出现问题。

4. 生产总值概览

一个国家的 GDP 增长反映了经济的蓬勃发展，国民收入的增长和消费能力的增强。在一国经济高速增长的时候，其央行往往倾向于使用紧缩性的货币政策，避免经济增长过热；但是当 GDP 呈现负增长现象时，该经济增长必然会呈现恶化趋势，不论是居民消费还是企业投资都会减少。此时，央行可以通过采取扩张性的货币政策，利用降息手段刺激经济增长。较低的利率和低迷的经济表现将使该国货币的吸引力降低。因此，高经济增长率将推高当地货币的汇率，而较低的经济增长率将导致该国货币的汇率下降。

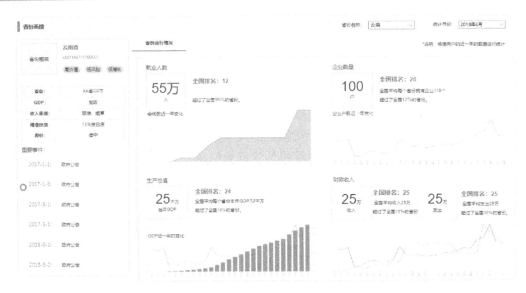

图 6-3　省份画像

GDP 的变化可用以判断经济主体的经济增长状况好坏，即增长或衰退。GDP 公告形式一般不超过两种，以总量和百分比为计算单位。当 GDP 增长为正时，表明该地区经济处于扩张阶段；反之，则意味着该地区经济陷入衰退。名义 GDP 是指将特定时间内生产的商品或服务价值总量乘以市场价格水平，其增长率受通货膨胀率以及实际 GDP 增长率的影响，即两者之和。所以在总产量不变，即实际 GDP 不变的情况下，价格水平急剧上升背后的通货膨胀现象也会导致名义 GDP 及其增长率的增加。但需要注意的是，物价的上升并不能导致实际 GDP 有所改变，名义 GDP 的变化在长期而言并无太多作用。所以对于名义 GDP，需要通过其对应的缩减指数进行处理，以更加科学合理的方式反映实际产出变动。如果一季度 GDP 缩减指数上升，则表明该季度存在通胀情况，假若 GDP 缩减指数大幅上升，将产生负面影响，也是货币供应紧缩、利率上升、外汇汇率上升的前兆。

5．财政收支概览

在各财政年度内，国家需要通过财政分配的方式对收支平衡进行调整，其含义在于国家利用社会产品进行社会合理分配的价值协调。从社会再生产的角度看，财政收支平衡是适应国民收入分配生产与使用，实现社会生产与消费协调平衡，确保社会购买力与商品供给协调平衡的重要因素。从财政资金关系的角度出发，先有收入再有支出，财政收入是后续支出的前提和资金来源，收入规模限制了支出规模。如果支出超过收入，则表明国民收入分配过度。因此，在正常情况下，社会再生产的发展以及财政收支本身，需要实现财政收支平衡。然而，作为资本流动，财政收支平衡是相对的。因此，在经济工作中，并不需要收入与支出在数量上保持绝对相等和机械平衡，财政收支平衡在符合年度收支基本平衡的要求之外，还应对经济发展具有积极的推动作用，通常目标是收支相抵稍有盈余。财政收支概览示例如图 6-4 所示。

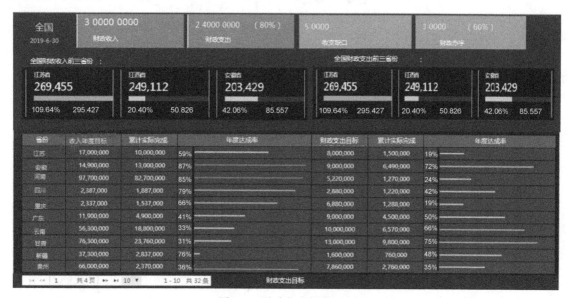

图 6-4　财政收支概览示例

6. 财政收入均衡度

在进行跨时代或跨地区的财富数据分析时，洛伦兹曲线是一个比较理想的工具，其表现为简洁明了的曲线图像，能够直观反映经济主体之间的收入分配状况。矩形的高值是每个省财政收入的百分比，分为 5 个相等的部分，每个部分的宽度占 20%。在矩形的长度中，34 个省级行政区域的财政收入从高到低，从左到右，也分为 5 个相等的部分，第一部分代表占前 20% 收入的省份。整个洛伦兹曲线是一个正方形。正方形的底部边缘，即水平轴，表示收入百分比对应的省份百分比。正方形的左侧，即垂直轴，表示每个省获得的收入百分比。正方形的对角线是财政收入的绝对相等线（通常不存在），在其右下方则是表现收入分配状况的洛伦兹曲线。

6.2　财政风险和公共风险指标分析

所谓财政风险，是指由于受到金融领域各种不确定因素的综合影响，存在金融资金损失和金融运行被破坏的可能性。由于政府基本上主导了我国的经济改革，其决定了改革各方面的矛盾和问题将直接或间接地反映在财政中，并且都提出了对财力的要求。因此，我国金融承担的风险是全面的和倾向于扩大的。这部分指标主要包括公共预算主题与地方债券主题两大部分，如图 6-5 所示。

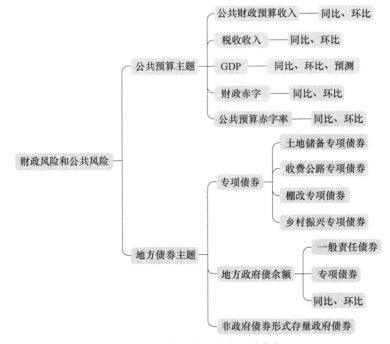

图 6-5 财政风险和公共风险指标

6.2.1 公共预算主题

公共预算是存在于市场经济中，为适应公共财政发展需要所制定的关于政府的筹资计划、收支预算等合法批准的相关制度的集合，其作为财政部门的重要活动，一直是政府理论建设的重要课题。公共预算主题包括公共财政预算收入、税收收入、GDP、财政赤字、公共预算赤字率 5 个部分。

1. 公共财政预算收入

公共财政预算收入即主要用于保障民生，改善人民生活水平，保障国家安全以及维护国家行政职能能够正常运行的政府财政收入，包括企业所得税、工商税、农牧业税、关税、耕地占用税、国有企业利润和国有企业计划赤字补贴等内容。

2. 税收收入

作为国家财政收入的主要来源，税收是国家凭借自身的政治权力，按照法定标准，向经济组织和个人获得的合理收入。税收不仅具备筹集财政资金的职能，在调节经济和社会运行以及资源配置方面也起着重要的作用。

3. GDP

GDP 是指经济主体内部所有的经济个体在特定时间范围内，根据标准的市场价格衡量的生产经营活动的最终成果。GDP 属于会计核算体系中的重要综合统计指标，也是当前国民经济核算体系的主要组成部分之一，能够直接体现一国经济的规模大小。

4. 财政赤字

在政府编制预算的过程中，若出现了预算收入不足以抵消预算支出的情况，这种情况即财政赤字。由于财政赤字出现在预算执行之前，因此，具体的执行结果是否赤字并不完全取决于前期预算工作是否赤字。政府可以通过在预算执行过程中采取措施增加收支，实现收支平衡。同时，还可以通过降低税率或增加政府支出来刺激经济发展。

5. 公共预算赤字率

公共预算赤字率则是指财政赤字与名义 GDP 的比率，对其数值的测量对于判断后续财政政策的走向具有重要作用。作为典型的宏观经济管控措施，财政政策的衡量也至关重要，而财政赤字的测算对于后续的财政决策行为具有重要的指导作用。

6.2.2　地方债券主题

地方债券是指各级地方政府相关部门发行的债券，目的是筹措资金以推动地区工程建设与经济发展。其资金主要用于基础设施投资建设、改善地方教育质量等公共事业。由于地方债券同时兼具投资金额要求低和债券可信度高两大优势，其资金来源主要是大量的中小投资者。地方债券的主题包括专项债券、地方政府债券、非政府债券。

1. 专项债券

专项债券即地方政府针对具体的项目建设进行资金筹集而发行的债券，这些项目主要属于公益性项目，债券发行活动已列入相应的财政预算中。根据具体用途，分为地方政府土地储备专项债券、地方政府收费公路专项债券、棚改专项债券和乡村振兴专项债券四部分。

2. 地方政府债券

地方政府债券是指地方事业单位发行的债券。地方政府债券一般用于住房、通信、交通、教育、医院、污水处理等地方公共设施的建设，地方政府的纳税能力作为偿债的担保。地方政府债券根据资金的用途和还款资金来源，分为一般责任债券（普通债券）和专项债券（收益债券）。

6.3　财政运行特点指标分析

财政运行是国家或政府履行职能进行财政收支的全过程，包括生产总值主题、供给侧改革主题、居民收入、三驾马车四部分，如图 6-6 所示。

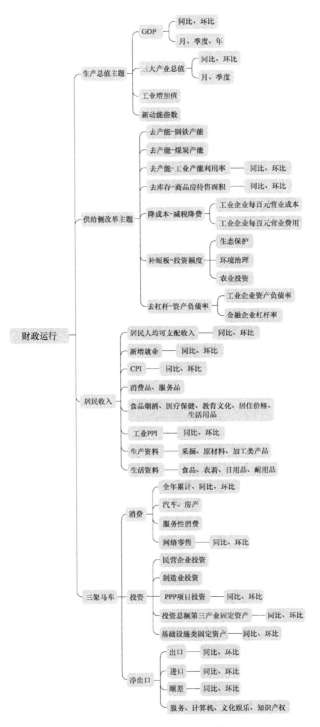

图 6-6　财政运行特点主题指标

6.3.1　生产总值主题

生产总值部分主要是针对 GDP 进行一些具体的指标分析，包括三大产业总值、工业增加值、新动能指数几个部分。

1．三大产业总值

三大产业即指以生产食物为主的农业、以加工制造为主的工业以及服务业，这些产业的发展一直是我国经济增长的重要动力，其对 GDP 的贡献巨大。随着我国经济的发展，三大产业比重在逐渐调整，经济增长也朝着更高效的方向发展。

2．工业增加值

工业增加值指的是在一定时期内，将企业从事工业相关生产活动所产生的最终品，以货币形式所表示的价值量。其数值大小为工业活动所生产的总价值量与生产过程中价值的消耗或转移的数量之差。因此，工业增加值是国民经济核算的基本指标之一，其数值统计结果将为 GDP 的计算提供可靠的依据，也为资本流动的建立提供依据。

3．新动能指数

新动能指数是指以新产业、新业态、新商业模式为主要内容的统计指标，有利于把握未来"三新"的发展状况与成长方向。动态监测新动能的积累过程，固定以 2014 年为基期基数，指数值代表报告期内经济发展新动能与 2014 年相比的变化趋势，借此更好地反映新动能的长期变化趋势。另外，指数又具体分为网络经济、创新驱动、转型升级、经济活力以及知识活力等类型。当前，加快培育中国经济新的动力，是推动我国经济提高质量和效益、转型升级、实现长期稳定的重要方式，也是我国经济高质量发展的重要体现和保证。

6.3.2　供给侧改革主题

供给侧改革的目的是调整经济结构，优化要素配置，让经济更好更快发展，释放实体经济活力。围绕供给侧改革主要包括去产能、去库存、降成本、补短板、去杠杆五大指标。

1．去产能

去产能，即化解产能过剩，其是为了解决供大于求导致的恶性竞争，改造和升级生产设备和产品。例如淘汰钢铁工业中落后的生产技术和设备。我国"钢铁去产能"实施政策目标是彻底淘汰"地条钢"产能、落后产能、铸造等非钢铁行业冶炼设备产能。

在政策鼓励和市场倒逼下，我国煤炭企业数量减少、规模扩大、机械化程度大幅提高，并逐渐建立了安全绿色、清洁高效的清洁能源供给体系，以替代当今社会对煤炭的需求。

工业产能利用率是工业总产值和生产设备价值的比值，代表实际生产能力在生产中发挥的作用。提高工业产能利用率需要避免产能过剩并淘汰落后产能。钢铁、煤炭市场由于产业要求不断提高、市场淘汰机制不断收紧等各类因素的影响，行业供需结构不断改革，工业产能利用率显著提高，这些企业的运行质量和效益也因此获得了显著改善。

2. 去库存

去库存主要是通过降低产品库存水平的方式，使得产能与消耗达到一个动态平衡，刺激相关企业焕发活力。尤其对于房地产市场而言，较高的房屋库存不仅导致了社会公共资源的严重浪费，同时也对市场后续的健康发展产生了消极影响。商品房待售面积的变化则能较好地反映去库存措施落实的成效。

3. 降成本

降成本就是进行减税降费，需要政府推动，全面启动成本削减创新改革，优化税收环境，通过创新提高产品附加值，覆盖高成本，降低要素成本。降成本不仅会对经济下行压力产生一定的缓和作用，同时也能积极推进企业的转型升级。营业成本是指企业本期发生的原材料、直接人工等直接归入产品成本的花费；营业费用的具体定义是在一定时期内企业经营活动所导致的部分费用，这部分费用不能归入具体产品的成本之中，而只能直接计入损益。通过工业企业每百元营业成本以及工业企业每百元营业费用两大指标的变化，能够对整个降成本改革进程进行直观的评价。

4. 补短板

补短板意味着针对经济发展能力较弱的几个领域采取措施，避免由于短板限制而阻碍国家经济发展的情况发生。我国经济的发展仍旧存在很多短板，目前主要是关于有效投资的短板。作为在供给方面对经济增长具有深远影响的要素之一，有效投资对于产业升级、技术革新、劳动生产率提高等方面均有重大意义。投资额度则是测量有效投资的对应指标，具体而言，根据投资方向又可以分为生态保护、环境治理、农业投资三部分。

5. 去杠杆

去杠杆能够较好地降低企业负债率，减少其负债经营风险。减少金融机构或金融市场的杠杆，是防范金融危机的必要措施，对于刺激经济增长具有重要意义。为此，必须兼顾经济稳定与去杠杆，寻找两者的恰当平衡。相关测量指标主要包括工业企业资产负债率以及金融企业杠杆率。工业企业资产负债率反映的是企业负债与资产之间的比例关系，表示负债筹资金额占资产总额的份额大小，进而对去杠杆改革工作进行合理的评价；金融企业杠杆率一般指银行资本（所有者权益）除以资产负债表中的总资产，通常用于衡量企业负债风险，反映企业还款能力，金融企业杠杆率应稳定在合理的范围内以保持企业的健康发展。

6.3.3　居民收入主题

居民收入即特定时间内从事生产活动的劳动者所创造的价值总额，能大概反映国家经济发展水平，包括居民人均可支配收入、新增就业、CPI、PPI 等几个方面指标。

1．居民人均可支配收入

居民人均可支配收入的定义是居民个体可用于家庭日常生活的那部分收入，即总收入扣除社会保障费、所得税以及家庭记账补贴后的人均收入。

2．新增就业

新增就业是指相比上一时期，新参与就业经济活动实现就业获得劳动报酬的人员数，即当年从业人数减去上一年度从业人员后的劳动人数，能够充分反映对应时期的就业情况以及度量当期国家就业政策具体的落实状况。

3．CPI

CPI 是一个相对数字，衡量具有代表性的消费品和服务在特定时间段内的价格水平，可以用来反映家庭消费的产品与服务的价格水平变化。其变化率对于通货膨胀（或紧缩）的变动具有一定的测量作用。根据居民消费的具体类型，又可以将消费商品分为两大类，一类包括消费品、服务品，另一类包括食品烟酒、医疗保健、教育文化、居住价格、生活用品。

4．PPI

与 CPI 相比，PPI 能够测量工业企业生产商品的未来价格变化。PPI 可以反映一定时间内生产领域的价格变动，是制定经济政策和国民经济核算的重要依据。由于工业生产出厂价格也会影响到后续企业销售商品的定价行为，因此 PPI 的变动对预测 CPI 的变动具有一定的指导作用。根据所生产商品的用途可以将其分为两大类，一类是用于生产制造、当作原材料或加工产品的生产资料，另一部分用作食品、衣着、日用品、耐用品等生活用途的生活资料。

6.3.4　三驾马车主题

三驾马车指的是拉动我国经济增长的三大动力，即消费、投资、净出口。

1．消费

消费作为经济增长的主要动力，是指一国范围内，居民为使用具体商品或服务所花费的支出总额。消费零售总额能够以全年累计、同比、环比的方式展现，另外，根据我国经济发展中占主要贡献的行业类型，又分为汽车、房地产行业零售总额，服务性消费总额以及网络零售总额三种类型。

2. 投资

投资总额指财政支出，即政府通过发行国债等方式，对科技、卫生、国防、教育等事业的辅助性支出，是扩大内需的有效手段之一。根据投资内容可以具体分为民营企业投资、制造业投资、PPP项目投资、第三产业固定资产以及基础设施类固定资产五大类。

3. 净出口

对外贸易是指不同国家（或地区）之间关于商品、劳务等方面展开的贸易交换，一般由进口和出口组成。出口部分统计的是本国向其他国家（或地区）销售的产品或服务，而进口部分统计的则是本国向其他国家（或地区）购买的产品或服务。净出口则指经济主体在具体时间内出口价值量与进口价值量两部分的差额，而对于我国而言，净出口长期保持贸易顺差的状态。另外，贸易数据的统计还涉及相关的服务、计算机、文化娱乐、知识产权的贸易。

6.4 社会运行特点分析

社会运行分析模块建立了围绕社会运行特点的指标体系。社会运作表现在各种社会要素与多层次子系统之间的相互作用及其各种功能上，主要是研究人类社会运动规律的各组成因素的结构、功能及其相互联系。该部分主要分为就业状况、居民收入、精准扶贫3大内容。社会运行特点分析如图6-7所示。

6.4.1 就业状况主题

1. 就业指标

《决胜全面建成小康社会 夺取新时代中国特色社会主义伟大胜利》（以下称十九大报告）中强调，就业指标是最大的民生工程，要坚持社会就业战略优先的思想和积极地落实就业政策，实现更高质量和更充分就业。就业是民生之本，是国家发展的基石，其重要性不言而喻。围绕就业状况的研究可以分为就业指标和劳动力指标两部分。

就业指标主要是关于社会就业状况的一系列数据维度，是反映社会就业情况、就业工作执行状况、落实国家劳动就业政策的重要指标。全年城镇新增就业人数是指该年份新参与就业经济活动，从而实现就业获得劳动报酬的人员数；全年城镇失业人数是指在适宜的劳动年龄内，具有劳动能力并且有就业要求但没有就业的城镇人口，需要进行失业登记；城镇失业再就业人数即在一定时期内失业人数中重新找到工作恢复就业的人数；年末城镇失业率衡量的是该年份内在城镇登记的失业人数占所有能够劳动的人数的比值；求职人数和职位空缺则反映的是结构性失业问题，即整个就业市场中劳动力供给与需求的匹配程度问题；第二产业用人需求，反映了电力、煤气、水的生产和供应业、采矿业及建筑业等各个第二产业领域对劳动力需求的大小；第三产业用人需求，则反映了租赁、商务、科学研究、地质勘探、水利环境等各类型的第三产业对劳动力需求的大小。

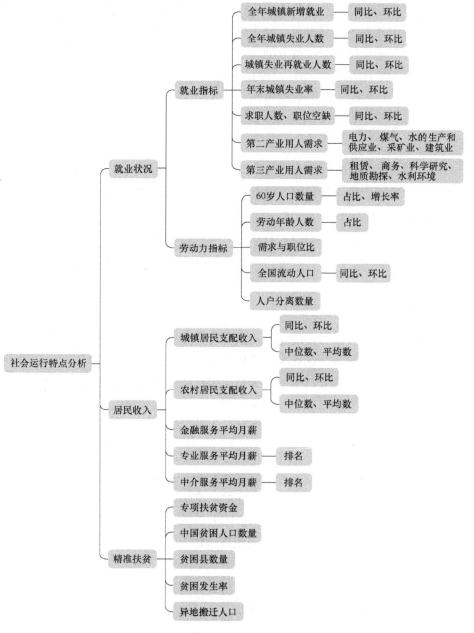

图 6-7 社会运行特点分析

2. 劳动力指标

劳动力指标主要是针对我国具有劳动能力的居民整体进行的研究，对于研究我国劳动力市场发展具有重要意义。六十岁人口数量指的是年满六十岁超过了劳动年龄不计入劳动力范围的居民数量，其占比增长率主要反映的是一国或地区人口老龄化发展的状况和趋势；劳动年龄人数即在劳动年龄内并且拥有劳动能力的居民数量；需求与职位比反映的是目前就业市场中有职位需求的人数与总体职位数量的比值关系；全国流动人口是指离开本人户籍所在地的县、市或者市辖区并以工作、生活为目的在异地居住的人员的数量；人户分离数量指的是居住所在地与户口所在地不一致的居民数量。

6.4.2 居民可支配收入主题

根据户口类型、从事行业等标准居民可支配收入可以划分为城镇居民可支配收入、农村居民可支配收入、金融服务平均月薪、专业服务平均月薪、中介服务平均月薪五部分。

1. 居民可支配收入

居民可支配收入反映了居民实际生活水平，是扣除所得税、社会保障费以及调查补贴等后的家庭总收入。根据居民户口所在地，可以具体划分为城镇居民可支配收入与农村居民可支配收入。

2. 平均月薪

平均月薪测量的是从事该行业的工作人员每个月所能获得的平均收入，根据代表性行业可以划分为金融服务平均月薪、专业服务平均月薪、中介服务平均月薪三大类。由于这三类行业在我国整体就业市场中具有较强的代表性，因此，其从业人员收入水平在一定程度上也反映了其他行业平均薪酬的发展潜力和整体趋势。

6.4.3 精准扶贫主题

精准扶贫是科学有效地对每一贫困区域环境和每一贫困户状况，精确识别、精确帮扶、精确管理的扶贫。为响应十九大"坚决打赢脱贫攻坚战"的号召，对精准扶贫相关数据的研究至关重要，主要包括专项扶贫资金、中国贫困人口数量、贫困县数量、贫困发生率、异地搬迁人口数量等五方面用于考核是否脱贫的重要指标。

1. 专项扶贫资金

专项扶贫资金是用于帮助发展贫困地区经济，改善扶贫对象生产生活条件，帮助提高贫困人口收入水平与自我发展能力，促进消除农村贫困现象的国家财政预算安排的专项资金，它既是脱贫攻坚的资金保障，也是贫困村民的保命本钱。

2．中国贫困人口数量

中国贫困人口数量反映的是我国目前经济状况处于贫困水平线以下的人口数量，每年贫困人口数量的变化是精准扶贫工作成效的最直观体现。

3．贫困县数量

贫困县数量是目前全国范围内人均年收入不满足国家标准的区县数量，以确保贫困县对应的扶贫资金和扶贫政策都能具体实施到位。

4．贫困发生率

贫困发生率是指农村人口在农业总人口中低于贫困线的比例，即贫困人口除以农业人口的比例，反映区域贫困程度。

5．异地搬迁人口数量

异地搬迁人口数量指标是指由于原有居住地生存条件差并且完成了建档立卡的贫困户，在政府帮助下搬迁到政府规划的安置地区的人口数量。目的是改善贫困户的生产生活条件，调整农村经济结构，拓展贫困户的增收渠道，帮助搬迁人口逐步脱贫致富。易地搬迁对于推动精准扶贫工作的进展具有不可替代的作用。

6.5　财政运行风险分析

财政运行风险，是指各种可能对政府财政预算与收支活动、居民就业、社会保障、消费投资等经济、社会、生产、贸易带来的各种潜在危害的，不适当的财政运行行为。财政运行风险是客观存在的，它主要是因为财政在运行过程中有很多不确定的因素，并且这些因素的运作方向是不可控的。不过，财政运行风险目前属于概率论的范畴，这类风险的发生需要基于一定事实，但是这些事实的出现是有概率的，不是绝对的。可以通过相关指标体系的监测与处理，进行风险防范与管控，主要从财政收入、财政支出、收支缺口、税收收入、财政风险五部分展开。财政收支风险分析指标如图 6-8 所示。

6.5.1　财政收入主题

财政收入是指政府履行职能、提供公共产品和服务、执行公共政策等筹集的所有资金，可以衡量一国政府财力。政府的财政收入在一定层面上体现了其在社会与经济活动中的影响力，如果财政收入高，则说明财政为人民提供了更多的公共产品和服务。

1．预算收入

预算收入是指国家通过预算年度的形式和程序控制的资金。

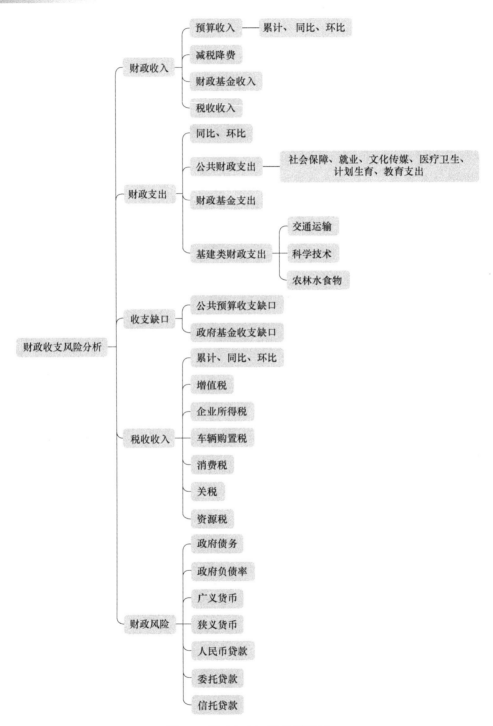

图 6-8　财政运行风险分析指标

2．减税降费

具体来说，减税降费包括"减税"和"取消或暂停行政收费"，是配合供给方结构改革、促进经济增长、重新激发市场活力的重要措施。两部分的统计指标对于面临"新常态"下出现的新问题，实现稳增长、调结构、惠民生具有重大指示作用。

3．财政基金收入

财政基金收入为指定用途的政府资金，通过财政部门进行直接安排或按照特定的条例征收，按预算水平分为中央层次的基金收入、地方层次的基金收入、中央和地方共用的基金收入。

4．税收收入

国家税收收入具有三大重要特征，即税收都是强制征收的，并且必须无偿缴纳，缴纳的税额有固定的计算方法。目前，我国财政收入的绝大部分是通过税收获得的。

税收收入作为国家按税法的规定而无偿取得的收入，对其累计数据、同比数据、环比数据的监测对于我国财政发展具有十分重要的意义。税收收入主要分为增值税、企业所得税、车辆购置税、消费税、关税、资源税等六大指标。

（1）增值税　增值税是一种以物品在贸易流通环节中商品的额外附加值为计税基础来缴纳的流转税，为以下过程的附加值或附加值的收集——商品生产、流通、劳动服务的多个环节。

（2）企业所得税　企业所得税是一种对我国境内企业、境外我国企业和其他收入组织在经营过程中产生的收入、其他经济来源征收的所得税，该税种的制定有利于提高企业的收入增长能力、产品研发能力与自主创新能力。

（3）车辆购置税　车辆购置税是一种针对境内购买规定车辆的个人或单位征收的税费，规定车辆的范围包括汽车、摩托车、电车、挂车、农用运输车等。

（4）消费税　消费税是一种对国家指定的一些特殊商品征收的税，比如烟酒和首饰。它是在增值税的体系之外再征收的一种税，税源没有增值税广泛，只针对国家规定的特定商品，重复征收可以引导消费者的消费方向，保障国家财政收入。

（5）关税　关税是根据我国法律对进出我国海关的商品进行征税的一个税种。可以通过提高关税来提高进口商品的价格，降低其市场竞争力，从而保护我国的相关企业，减少进口商品对国内市场的不利影响。

（6）资源税　资源税是我国针对特定资源使用，调节资源收入差异，对国有资源使用付费而征收的一个税种，主要是针对煤炭、金属等矿产品，盐等重要必需品。开征资源税的目的是使国家拥有的优质自然资源的差别收入，消除因资源利弊造成的企业利润分配不合理。

6.5.2 财政支出主题

财政支出是政府以货币形式控制和利用社会资源，把资金从私营部门集中，以履行自己的职能。财政支出是政府分配活动的一个重要方面。财政对社会经济的影响主要体现于财政支出的数量与类别，因此，财政支出的数量规模和占比结构在一定意义上反映政府履行职能的活动范围和政策选择的倾向。财政支出主要分为公共财政、财政基金、基建类财政三大类。

1. 公共财政支出

公共财政支出是旨在满足人们对社会公共产品和基础建设的物质需要而提供的资金支持。政府要为人民提供相应的公共服务，就需要依靠财政支出的规模和类型的控制来进行社会资源配置，根据具体用途可以将公共财政支出分为社会保障、就业、文化传媒、医疗卫生、计划生育、教育支出等类型。

2. 财政基金支出

财政基金支出是指为支持国家指定的特定公共事业项目的发展，按照国家规定的程序进行相关批准，然后通过各级政府财政用基金收入安排的特定支出。

3. 基建类财政支出

基建类财政支出，是指财政部门根据民生需要与战略规划，对相应的基础设施项目进行审批，对建设的资金进行预算审核，通过后从财政专项科目调拨资金用于项目的支出。根据支出的具体用途，基建类财政支出可以分为交通运输、科学技术、农林水食物等三大类。

6.5.3 收支缺口主题

收支缺口是指财政收入与财政支出的不平衡，反映的是政府支出职能和收入能力之间的失衡。收支缺口的计算对维持财政的可持续具有指导意义。收支缺口指标部分可以分为公共预算收支缺口和政府基金收支缺口。

1. 公共预算收支缺口

公共预算收支缺口即政府财政收入与财政支出之间的差额，支出大于收入则成为缺口。政府在财政运行之前可以通过编制政府收支规模、收入来源和用途做出分析与判断，从而编制出公共预算收入计划和公共预算支出计划，并进行收支对比，确定本年度财政预计产生的收支缺口。

2. 政府基金收支缺口

政府基金收支缺口测量的是政府基金项目中收入与支出的不平衡程度。

6.5.4　财政风险主题

为有效降低财政风险的发生，应当对财政系统内外部可能导致风险的潜在因素进行把控。财政风险的具体测算指标可以分为政府债务、政府负债率、广义货币、狭义货币、人民币贷款、委托贷款、信托贷款等七大类。

1．政府债务

政府债务是指政府在国内外发行债券或者向外国政府和银行借款形成的债务。具体来说，政府债务是指政府依靠自身声誉作为担保，按照补偿原则与债权人建立信用关系的一种信用模式，目的是筹集财政资金。它是政府调度社会资金、规范经济运行、弥补财政缺口的一种特殊方式。

2．政府负债率

政府负债率是年底政府债务余额与该年 GDP 的比值，它是衡量总经济规模对政府债务的承载能力或经济增长对政府债务的依赖性指标。

3．货币

货币总量分为很多种类型，包括流通中的现金加活期存款的总量，即狭义货币（M1）；广义货币（M2）；储蓄存款、定期存款等。由于各种银行的存款可以随时提取变为商品购买力，因此也可以将其视为货币，这样可以更全面地反映社会总体货币流通情况，便于对消费市场和金融活动的控制与分析。

4．人民币贷款

人民币贷款是国内主要商业银行发放的贷款，包括所有向国内外个人机构发放的人民币贷款，对企业融资和刺激经济活力影响深远。

（1）委托贷款　委托贷款是指以政府部门、企事业单位、个人或者其他法律规定的负责人为委托人提供的贷款。商业银行受托人根据确定的贷款对象、用途、金额、期限、利率，对贷款的使用进行监督，对贷款的回收进行协助。

（2）信托贷款　信托贷款是指由信托机构制订信托发行计划，并在国家法律规定的范围内向社会公众筹集资金的贷款。通过信托计划筹集的基金将发放给相关核准的单位和项目，同时，也可利用信托公司在企业信贷和资金管理方面的优势，提高资金使用的安全性与效率。

6.6　经济社会形势预测

我国目前处于改革的攻坚期、发展的关键期、矛盾的凸显期，一系列新的阶段性特征不断呈现，需要认真预测经济社会形势变化。该部分主要分为 GDP 预测、投资预测、消费预测、货物与服务进出口预测、通货膨胀率预测、PPI 预测六大指标。经济社会形势预测如图 6-9 所示。

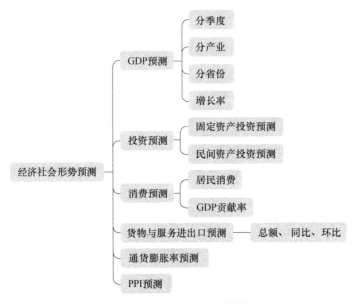

图 6-9　经济社会形势预测

6.6.1　GDP 预测主题

GDP 预测，即根据季度、产业乃至省份分类对之后的 GDP 进行科学预测，同时根据预测结果和历史数据计算预期的 GDP 增长率。GDP 预测专题分析如图 6-10 所示。

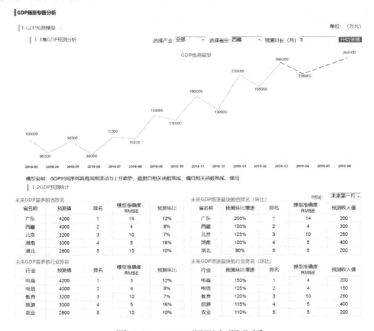

图 6-10　GDP 预测专题分析

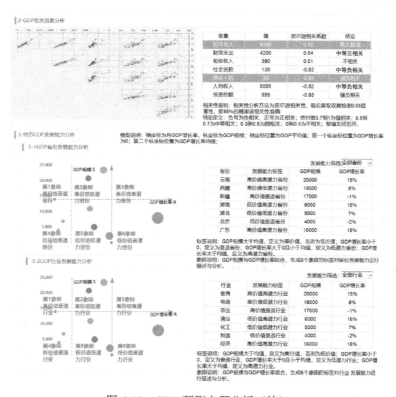

图 6-10　GDP 预测专题分析（续）

6.6.2　投资预测主题

投资预测是为了做出科学的判断，对投资效益进行定性、定量分析与计算，根据资产类型，可分为固定资产投资与民间固定资产投资。固定资产投资是以货币形式表现的、企业在一定时期内建造和购置固定资产的工作量以及与此有关的费用变化情况；民间固定资产投资指的是具有集体、私营或者个人性质的内资单位与企业在我国建造或购置固定资产的投资。

6.6.3　消费预测主题

消费预测是为了推断消费变动的轨迹，基于其一般规律性与预测对象变动的经验特征，一般分为居民消费和 GDP 贡献率两大类。居民消费是对居民关于商品和服务的消费总量进行预测，而 GDP 贡献率则需要结合消费预测与 GDP 预测数据进行比较。

6.6.4　货物与服务进出口预测主题

货物与服务进出口预测关注的是我国对外贸易数据的变化，主要是针对不同时间不同产业的进口额和出口额进行对比分析。

6.6.5 通货膨胀率预测主题

通货膨胀率预测是指对未来物品价格水平变化程度的预测，可以根据预测数据确定货币工资率，制订存款或者投资决策与计划，推断其他货币的通货膨胀率。

6.6.6 PPI 预测主题

PPI 预测是对生产者价格指数的预测，基于此可以推断未来工业企业产品出厂价格变动趋势和变动程度。

6.7 财政收入及重点税收预测

由于政府本身不直接从事生产活动，必须依靠自身的政治力量来强制征收一部分社会产品，以满足各方面支出的需要，而财税的作用不容忽视，尤其是税收作为政府收入的主要来源更是重中之重。该部分的指标分析主要分为财政收入预测、国内增值税收入预测、企业所得税预测、国内消费收入预测、进口货物增值税以及消费税收入预测几个部分。

6.7.1 财政收入预测

财政收入预测主要通过线性回归预测数据，用于对年和月粒度数据的比较分析，对财政分配过程及其发展趋势进行预测和判断。财政收入预测可以分为税收收入预测和非税收收入预测两大类。

6.7.2 国内增值税收入预测

增值税是基于商品或服务的增值而征收的一种间接税，税源非常广泛，是国内最主要的流转税，税收收入超过全国税收的60%。对增值税的预测不仅是对国家未来财政收入的估计，同时也有利于对国家经济发展状况的把握。

6.7.3 企业所得税预测

企业所得税是我国税收的重要组成部分，也是我国财政收入的主要来源之一，对企业所得税的合理预测有利于及时把握财政收入的变化。

6.7.4 国内消费收入预测

作为拉动国家经济发展的三驾马车之一，消费收入在我国经济发展中占有重要地位，同时也深刻影响了我国财政收入的变动，这是因为消费变动的 GDP 分配必然会影响到后续的财政收入。

6.7.5 进口货物增值税、消费税收入预测

进口货物增值税与一般增值税以在生产、批发、零售等环节的增值额为征税对象不同，其专门对进口环节的增值额进行征税。同时，进口商品的增值税包括已付关税金额。如果进口商品属于消费税应税消费品，则应税价格还包括进口环节支付的消费税金额。

第 7 章

财政数字化转型平台共享系统建设方案

7.1 财政共享系统总体架构

财政共享系统总体架构由以下 4 层组成，其指标设计如图 7-1 所示。

（1）获取层 获取层实现对数据源的采集，并对采集的数据进行准确性检查与规范化处理，最后保存到数据库中。

（2）数据层 数据层实现面向财政数据仓库的基础数据、聚合数据、处理后数据的存储与运维。数据层主要分为财政运行与社会发展两大板块。财政运行板块主要包括财政收入、财政支出、收支缺口、财政风险四大部分；社会发展板块主要分为就业状况、居民收入、精准扶贫三大部分。

1）财政运行板块。财政收入部分包括预算收入、基金收入、税收收入等指标；财政支出部分包括公共财政支出、财政基金支出、基建建设支出等指标；收支缺口部分主要包括财政赤字与财政盈余等指标；财政风险部分主要包括政府债务、货币数量、贷款额度等指标。

2）社会发展板块。就业状况部分包括就业指标、就业人数、失业人数、就业需求等指标；居民收入部分包括城镇居民收入、农村居民收入、行业平均月薪、月薪集中趋势等指标；精准扶贫部分主要包括扶贫资金、贫困人口、贫困发生率、贫困县数量等指标。

（3）应用层 应用层面向企业的财政运营管理和业务组织模式，其中的应用模块将数据层提供的统计分析功能组织编排，集中解决一类业务问题。应用层包含经济分析、社会分析、税收分析、财政分析、财政风险分析、公共风险分析等。

（4）访问层 访问层是各类使用人员访问财政数据仓库的窗口和平台。在访问层中整合了数据仓库的访问资源，建立统一的财政数据仓库门户，使财政部门人员更方便地得到信息支撑。

图 7-1 财政共享系统指标设计

7.2 财政共享系统详细设计

7.2.1 云计算平台

云计算平台实现数据的分布式采集、处理与存储。

目前，财政资金使用的多样化、规范化、效益化使得财政决策与财政效果评价所依赖的数据已经不限于政府的财政数据，还需要考虑与经济、社会日常财政资金运营活动相关的各个机构或部门的非财政数据。政府内部的预算、决算、经济、社会、风险等数据将对决策有显著的影响。除此之外，还需要税务部门提供企业的缴税情况数据、税收递延数据、税务违规数据，会计师事务所提供的行业评估数据、企业资产评估报告，银行提供的借贷数据、违约情况，法律部门诉讼事件、法律纠纷，各级政府的财政运行情况、扶贫情况，各行业的就业数据、消费数据、发展数据等，也将一定程度上影响财政决策。由于这些用于支持政府部门财政决策的数据分布在不同的系统和部门，并且以不同的信息表达形式存在，规模巨大，维度丰富，目前的财政决策系统无法全面收集这些数据，也没有相关的大数据处理能力。因此，在财政数字化转型平台建成之后，不仅可以实现各维度数据的采集与分布式处理，而且可以作为数据源供各个需要的部门下载。

借助互联网、物联网、移动互联网、社交化网络，可以通过云财政平台从政府部门、工商管理部门、税务部门、财政部门、会计师事务所、证券交易所、银行等获取各种与财政决策相关的多类型、多维度、多规则数据，并根据政府部门财政决策需求对相应的数据进行清洗、聚合、关联、分析，然后通过云技术与分布式技术实现大数据的计算、存储、管理。

7.2.2 大数据

大数据技术实现政府财政决策数据的分析与挖掘。

在大数据时代，财政决策需要通过大数据分析技术从多维、繁杂、抽象、海量的数据中挖掘可供政府部门财政决策者使用的信息。这种决策方式能够大幅度提升财政决策的效率和质量。通过将大数据转化为可为财政管理者决策服务的相关信息，实现了财政决策的智能化，保证了财政决策的科学性和严谨性。

项目将基于虚拟化的财政大数据平台，进行数据的采集、清洗、存储、计算、分析，通过Hadoop、HBase、Storm、Sqoop、Spark、Kafka、Flink等大数据技术进行处理后，借助数据仓库建模规划数据存储与数据指标，对多维的数据进行联机分析处理，应用数据分析与挖掘技术对指标数据进行分类、判别、预测、画像等操作，多维关联挖掘税务部门提供企业的缴税情况数据、税收递延数据、税务违规数据，会计师事务所提供的行业评估数据、企业资产评估报告，银行提供的借贷数据、违约情况，法律部门诉讼事件、法律纠纷，各级政府的财政运行情况、扶贫情况，各行业的就业数据、消费数据、发展数据等，然后面向财政的政策决策、财政决策、经济决策、社会决策、风险监控、智能预警、预算管理、决算管理等财政决策主题，根据决策的需求形成不同的多层次决策方案。财政的决策者需要从这些财政决策方案中根据相对最优原则进行选择，并合理配置资源。财政共享平台架构设计如图 7-2 所示。

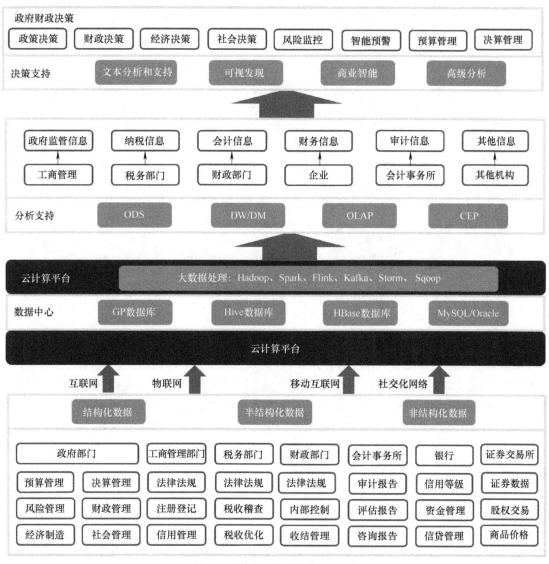

图 7-2　财政共享平台架构设计

7.3　财政共享门户详细设计

财政数字化转型平台利用信息门户技术来实现资源整合与内容管理、信息发布与多样化展现服务，可有力支持财政管理工作的开展，拓展业务管理和相关信息服务的技术手段，从而有效提高工作效率、业务管理和信息应用水平，为各类业务管理人员、相关领导提供不同层次的信息服务。

应用门户是通过可视化界面，提供合理的交互手段，为相关使用者提供服务的门户。财政大数据的应用门户是政府工作人员访问财政数据统一的系统入口。应用门户框架如图7-3所示。

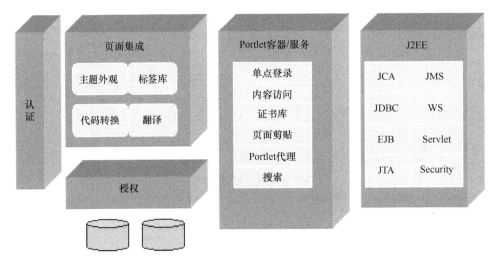

图7-3 应用门户框架

财政数据共享经常使用不同种类的解决方案来经营业务。它们的工具集可能包括各种完全不同的解决方案，这时单个应用程序与其他应用程序之间都会存在数据重叠。由于多种原因，政府部门将信息存储在不同的系统中，以各种不同方式进行格式设置和访问。对于最终的使用者来说，系统布局应该尽量简单易懂，复杂的系统不便于转化为生产力。系统的使用者需要进行相关培训，熟悉系统的基本功能与操作，记住每个系统的登录方式。除此之外，使用者最好熟悉多个功能平台，并厘清各个平台间的业务逻辑与数据联系。

每个政府部门面临的挑战就是消除这些困难，以提高服务水平和工作效率。理想的解决方案是通过无缝集成平台，使用统一验证实现应用程序的统一访问和有效管理。

作为通往信息访问和管理的真正网关，门户是集成财政数据共享应用程序并向使用者提供高效和完善环境的最佳形式之一。通过财政数据共享的统一入口点，财政数据共享门户实现了从一个位置上对所有应用程序持续地访问。在系统的使用过程中，使用者不需要知道数据采集与处理的过程，他们需要了解的是数据的获取渠道和解读方式。统一认证是财政数据共享门户提供的一个关键功能，使用者认证一次就可以访问该权限下的所有应用程序。

通过提供多角色分权限的个性化数据访问入库，门户使信息使用更安全快捷。财政数据共享门户的任务就是为每个与财政管理相关的政府人员提供财政数据视图与数据报表。例如，当某个部门工作人员登录时，主页将根据他的职位特点与数据权限，展示个性化内容。使用者可聚合来自不同系统的数据，并将这些数据通过图表组件制作为智能报表，有利于提高政府的办公效率。

财政大数据共享平台主要涉及以下技术。

（1）栏目管理技术 采用多层次、分布式的栏目管理技术，提供不同位置与架构层次的信息门户栏目管理。

（2）模板管理技术 采用频道方式分类管理多种信息展现模板，实现通用表单处理。通过支持模板的层次嵌套，并利用不同的页面访问策略，实现静态与动态信息的发布。

（3）内容管理技术 利用可视化编辑器以"所见即所得"的方式进行信息门户内容的图文混排处理，并通过语言转换平台进行信息展现的国际化语言支持。

（4）信息审核技术 通过信息审核控制逻辑，对待发布的信息按照指定流程进行审批，确保信息门户中信息的有效性。

（5）信息发布技术 运用数据管理和更新技术，提供信息的快速发布、定制发布、完全发布、高级发布、后台发布等多种发布方式和技术手段，从而灵活地管理所发布的内容，提高系统的性能和人员效率。

（6）信息浏览技术 采用图文信息、文档、附件等复合文档的发布预览技术，在信息正式发布到 Web 服务器前准确感知真实效果，并在信息发布后利用信息门户的丰富展现功能进行图文信息浏览。

第 8 章

财政数字化转型其他功能设计

8.1 系统管理与系统扩展接口

平台的财政管理和角色权限可以通过分财政、分功能权限、分部门权限、分数据权限的管理手段，全面保障数据安全。综合管理平台示例如图 8-1 所示。

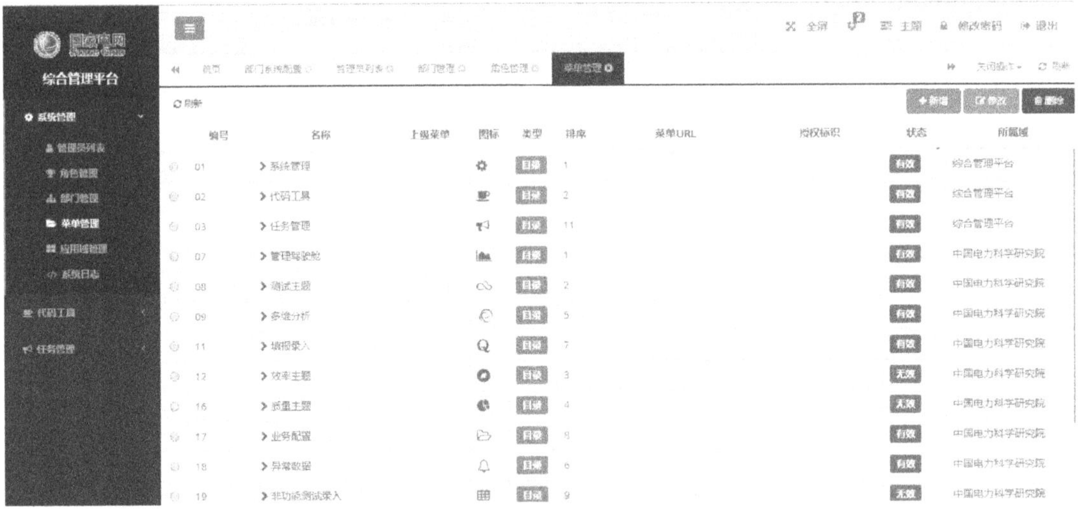

图 8-1　综合管理平台示例

提供多个查询入口和方式，比如通过关键字查询、引导查询、批量查询、自定义查询等方式查询所需要的数据，并在主页提供针对全局的报表和模型参数的查询入口来实现对数据报表和检索框架的安全访问管理。

扩展接口以 API 方式实现，有助于解决数据隐私或监管问题，可控性非常好；能够通过安全、灵活的接口形式进行功能扩展，支持与其他已有系统进行对接，支持根据特定的业务需求进行二次开发。

8.2 系统任务调度详细设计

8.2.1 调度环境说明

1）调度程序环境为 Python2.7。

2）调度程序位置为 MySQL 数据库，包括①IP；②端口；③账号；④密码；⑤数据库；⑥设置代理。

3）调度程序名称为 PyOperation。

4）相关配置表格包括①plan_job_info：工作信息列表；②plan_job_info_status：工作状态列表；③plan_job_task_relation：工作与任务关系表；④plan_task_conf：任务依赖配置表；⑤plan_task_info_status：任务状态表；⑥plan_task_name：任务信息表。

8.2.2 调度功能说明

1. 信息配置

（1）任务信息配置　将每个任务保存到 plan_task_name 列表中，保存格式如图 8-2 所示，包括任务编码（TASK_ID）和任务名称（TASK_NAME）。

图 8-2　任务信息保存格式

（2）任务状态配置　运行成功的任务状态为 1，反之为 0，保存到任务状态信息表 plan_task_info_status 中，保存格式如图 8-3 所示，包括任务编码（TASK_ID）、任务名称（TASK_NAME）、数据日期（DATA_MONTH）、任务开始时间（START_TIME）、任务结束时间（END_TIME）、任务运行状态（STATUS）、批次（BATCH）。不同批次间的任务调度相互之间不影响。

图 8-3　任务状态保存格式

（3）任务依赖配置　依据程序执行的数据依赖与逻辑关系，确认查询执行的先后顺序，建立任务之间的依赖关系，保存在任务依赖配置信息表 plan_task_conf 中，保存格式如图 8-4 所示，包括目标层级（TARGET_LEVEL）、目标数据库位置（TARGET_POSITION）、目标数据表（TARGET_TABLE）、目标程序名称（TARGET_PROCEDURE）、目标程序类型（TARGET_PROCEDURE_TYPE）、目标程序编码（TARGET_PROCEDURE_ID）、关系值（RELATION VALUE）、源数据层次（SOURCE_LEVEL）、源数据库位置（SOURCE_

POSITION）、源数据表（SOURCE_TABLE）、源程序名称（SOURCE_PROCEDURE）、源程序类型（SOURCE_PROCEDURE_TYPE）、源程序编码（SOURCE_PROCEDURE_ID）。

图 8-4　任务依赖保存格式

注意：

1）程序类型目前包括 Python、JAVA、Spark、Flink、MySQL，不同的程序启动方式不同。

2）关系值分为"1"和"0"，分别代表"或"和"且"的关系。如果是"或"的依赖关系，只要满足一个条件就可运行；如果是"且"的依赖关系，需要全部条件满足才可执行下一个任务。

（4）工作与任务关系配置　一个工作下配置一个模块或者一个预定义任务群的全部任务，执行该工作，将会按依赖执行该工作下的全部任务，配置到 plan_job_task_relation 表中，格式如图 8-5 所示，包括工作编码（JOB_ID）、工作名称（JOB_NAME）、任务编码（TASK_ID）、任务名称（TASK_NAME）。

图 8-5　工作与任务关系配置格式

（5）工作状态配置　运行任务后保存任务状态到 plan_job_info_status 表中，格式如图 8-6 所示，包括工作名称（JOB_NAME）、工作开始时间（START_TIME）、工作结束时间（END_TIME）、工作运行状态（STATUS）、批次（BATCH）。

图 8-6　工作状态配置格式

（6）工作信息配置　保存工作信息到 plan_job_info 表中，格式如图 8-7 所示，包括工作编码（JOB_ID）、工作名称（JOB_NAME）、工作备注信息（COMMENT），备注该工作执行的相关功能。

图 8-7　工作信息配置格式

2. 调度过程

调度过程分为参数输入、任务下钻、任务执行、任务检查、状态检查、状态更新、状态还原等步骤。

（1）参数输入　输入工作名称、数据时间、批次。

（2）任务下钻　通过工作与任务关系表得到要执行的任务。

（3）任务执行　递归下钻，层层遍历所有依赖的任务，进行排序，从最底层执行任务。

（4）任务检查　检查该任务状态，状态为成功，跳过。

（5）状态检查　判断将要执行的任务所依赖的任务状态是否满足，如果满足，执行，否则，不执行。

（6）状态更新　将执行成功的任务状态更新为 1（成功）。

（7）状态还原　上钻以该任务为依赖的程序，将状态更新为 0（不成功）。

3．任务回滚

（1）任务全部回滚　输入相同的工作名称、数据时间、修改批次，可以重跑该任务。

（2）任务部分回滚

1）以该批次执行需要修改数据的节点，已该节点为依赖的已执行任务状态会更新为 0，重跑任务，可实现任务部分回滚。

2）修改配置表相关任务状态，将成功写为不成功，重新执行任务。

3）配置新的工作，直接执行。

4．失败执行

只执行该工作中失败的任务，只需重新运行该任务，成功的任务会被跳过，只执行失败的任务。

8.2.3　配置流程说明

配置流程包括任务间的依赖关系配置；任务与工作列表配置；任务与工作关系配置；执行任务调度，重新初始化任务状态与工作状态表，如图 8-8 所示。

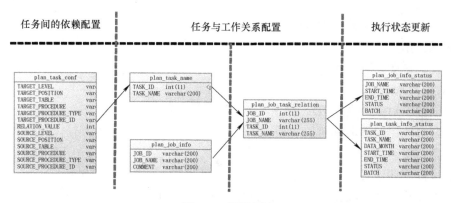

图 8-8　配置流程

8.3 财政数字化转型平台接口规范设计

8.3.1 基于数字证书的身份认证和加密集成

为了保证基于数字证书的身份认证、加密的权威与可靠，为财政相关部门提供安全、可靠的用户身份认证和数字加密等功能，项目基于与其他网络集成商合作建立的经验，满足与现有的 CA 系统无缝集成。

可采用数字证书与身份认证锁相结合，保证数据传输的可靠性与数据的真实性，为财政应用系统将来的安全升级提供坚实的基础。

8.3.2 增量导入导出

基于表级的增量导入导出功能必须在设计时就要全面考虑，特别是在数据库设计时，确定好增量标记手段与策略，是基于时间戳的，还是标记字段，这些方法各有利弊。总之，实现增量导入导出需要形成一套完整的逻辑体系，保证数据的完整性。

8.3.3 数据对象登记

登记接口需要操作的业务数据表（视图）包括导入接收数据的表（视图）和导出数据的表（视图）。

（1）数据对象登记

1）对象的唯一 ID：16 位 ID 号，作为主键。

2）对象名：表（视图）的名称。

3）中文名。

4）隶属系统：隶属的系统 ID 号。

5）用途：用于 1—导入、2—导出、3—导入和导出。

6）备注：说明信息。

（2）数据对象字段登记

1）隶属数据对象的唯一 ID：16 位 ID 号，作为主键。

2）字段名：字段的名称。

3）字段中文名。

4）备注：说明信息。

5）数据类型：char/decimal/datetime，标示 3 大类数据（字符/数值/日期）。

6）关联的基础数据取值：结果集包含"ID""Name"字段即可。

（3）数据对象登记处理逻辑

1）添加：增加导入导出涉及的数据库表等。

2）修改：已经被接口引用的数据对象，不能修改隶属系统；用途的修改也受到限制（即不能使引用非法）。

3）删除：已经被接口引用的数据对象和字段，不能删除。

4）复制：把数据对象和字段的登记信息复制成一个新的数据对象。

8.3.4　接口定义

（1）接口基本信息

1）接口的唯一 ID：16 位 ID 号，作为主键。

2）接口中文名。

3）隶属系统：隶属的系统 ID 号。

4）接口分类：自定义的接口类型，比如指标导入、指标导出。

5）接口类型：1—导入文件和 2—导出文件。

6）备注：说明信息。

7）创建人：创建接口的用户。

8）内部数据对象：接口关联的数据对象的唯一 ID。

9）外部数据对象：接口关联的数据对象的唯一 ID。

10）数据过滤条件 ID：登记接口过滤条件定义的 ID 号。

11）路径选项：1—随机选取；2—固定路径。

12）默认的文件路径：登记接口导入导出数据时默认的数据文件存放路径。

13）默认的文件备份路径：登记接口导入数据后，数据文件的移动目标路径。

14）文件命名规则：记录定义的命名规则（pub_t_syscode 中的 typeid）。

15）是否压缩文件：0—否；1—是。

16）文件压缩、解压密码：对压缩文件有效。

17）文件格式：TXT、DBF、Excel、XML 等。

18）文件数据项分隔符：登记数据文件中各数据项之间采用的分隔符。

19）合计行属性。

20）标题行属性：0—无；1—有。

21）文件头表达式。

22）文件尾表达式。

23）是否分文件。

24）文件写入方式：1—覆盖；2—附加。

25）数据处理状态记录方式：1—标志位；2—关联表。

26）数据处理状态标志位字段：0—未处理；1—已处理。

27）重复文件处理方式：1—自动跳过；2—重新处理（对固定路径方式有效）。

28）重复数据处理方式（0—跳过；1—更新；2—删除/插入）。

29）内部数据唯一标识字段。

30）外部数据唯一标识字段：在导入文件时，如果该字段存在，则必须存在于接收的数据对象中。

31）排序方式：按照可以识别的方式记录排序方式。

32）需要进一步研究 XML 文件的附加设置（增加行标记符号的设置，只有选择 XML 文件时才可设置）。

33）允许编辑：0—不允许；1—允许。表示是否允许对导入的数据做临时的修改。

34）启用标志：0—作废；1—启用。

35）数据需要审核：0—不需要；1—需要。仅对保存有效。

（2）接口字段信息

1）接口唯一 ID。

2）数据对象序号：1 或 2。

3）字段名：字段的名称。

4）是否启用：0—否；1—是。

5）字段序号是否需要代码替换。

6）固定值。

7）默认值。

8）表达式。

9）是否必录。

10）数据格式。

11）是否可以更新：0—否；1—是。在更新时有效。

12）是否可编辑：0—否；1—是。当字段有引用列表时，表示是否可以手工录入数据。

13）是否自动编码化：0—否；1—是。对导入接口有效。

14）对应的名称字段：需要自动化编码时有效。

15）对应的上级编码字段：需要自动化编码时有效。

（3）数据对应关系

1）接口唯一 ID。

2）字段名：字段的名称。

3）内部编码。

4）对应外部数据。

（4）接口定义处理逻辑

1）所有接口都需要登记的信息。

2）文件接口需要定义的信息。

3）数据库类接口需要定义的信息。

4）接口字段定义逻辑。

5）数据对应关系定义逻辑。

8.3.5　接口运行

入口参数为：需要执行的接口 ID。操作人（用户名+姓名）。使用的事物对象。

返回结果：执行成功还是失败。

（1）导入接口　文件导入接口的处理步骤如下。

1）根据文件获取方式。

2）根据历史记录，判断文件是否处理过。

3）如果是压缩文件，则进行解压，解压根据定义决定是否输入密码。

4）将不同的文件格式，转化为可以识别的格式。

5）根据定义，去除合计行和标题行。

6）替换数据项分隔符为系统可以识别的分隔符。

7）根据接口定义和接口外部对象字段定义，构建装载数据的数据列表，导入文件中的数据。导入时注意日期时间型字段的格式转换。

8）处理外部对象字段定义的固定值和默认值。

9）根据过滤条件，对导入的数据进行过滤。

10）根据排序条件，对导入的数据进行排序。

11）按照接口定义，根据需要对数据进行代码替换处理。

12）如果接口定义允许编辑，弹出编辑界面，允许用户修改数据。

13）日志：把本次导入操作的全过程记录到接口处理日志。

（2）导出接口　文件导出接口的处理步骤如下。

1）根据文件命名规则和文件格式，生成默认的文件名；如果是压缩文件，需要生成默认的压缩文件名。

2）根据文件获取方式。

3）根据接口定义和接口内部对象字段定义，构建临时数据接收容器。

4）读取数据库中的数据到临时容器。

5）对数据做代码替换处理。

6）根据接口定义和接口外部对象字段定义，构建数据接收容器。

7）移动数据到接收容器。

8）处理外部对象字段定义的固定值和默认值。

9）根据不同的文件格式，把数据保存到文件中，比如 Excel 和 XML 文件需要做相应处理。

10）对 TXT 文件，根据需要替换数据项分隔符。

11）如果是压缩文件，利用添加默认加入压缩包。

12）数据导出成功后的处理。

13）日志：把本次导出操作的全过程记录到接口处理日志。

8.4 财政数字化转型平台非系统功能设计

8.4.1 安全性设计

财政数字化转型平台所建系统涉及各财政数字化转型相关参与方，包含政府、社会资本、金融机构等，并要针对财政部财政数字化转型管理中心数据库、发改委财政数字化转型数据库、世界银行数据库等相关外部系统来开发应用和数据接口，具有大量保密信息资源，对安全性要求较高。因此，在设计和实施过程中应充分考虑安全性管理，以及整个系统运行的安全策略和机制，严格管理用户权限及相关安全体系，根据不同的业务要求和应用处理，设置不同的安全措施。

（1）安全访问控制设计　在系统访问、操作、数据传输、运行、维护的安全管理方面，通过建立授权与认证、存取权限与执行控制等多层次的安全保障体系，来控制系统访问安全性。通过严格的操作权限设置和认证控制，来防止外部成员非法侵入、操作人员越级操作等异常事件，并充分利用日志信息、备份和恢复策略，来增强系统安全性。

对于各类分级、保密信息，系统将在存取访问、用户操作跟踪等过程中采取高度安全的技术措施进行控制。在应用层，应用统一身份认证、统一权限管理、单点登录、MD5 数据完整性校验算法、传输加密等设计方案，确保平台业务信息的安全性和保密性。在系统安全访问控制机制的设计中，采用用户身份认证、角色权限控制、组织机构业务资源访问控制等多层安全设计，对信息共享实行严格控制。

（2）系统架构安全与接口安全设计　在系统架构方面，通过采用三（多）层软件体系结构，将客户层与服务器层分离，防止数据被恶意篡改或窃取，提高网络安全性。同时，在应用逻辑和信息处理中运用软件容错技术，防止各种误操作对系统造成不良影响。此外，在数据传输过程中，利用成熟的通信中间件技术，保证通信数据的完整性和一致性。

在应用服务接口开发过程中，应提供良好的数据安全可靠性策略，并保证系统及数据的安全可靠性、系统数据处理的准确性，确保数据传输及时、准确、安全。

（3）应用系统建设与运维安全性设计

1）在应用系统建设与运维过程中将制定代码编写安全规范，开发人员将严格参照规范编写代码。

2）应用系统建设与运维中将提供软件源代码，保证软件中不包含恶意代码或者后门。

3）应用系统将在进行安全加固、风险评估，确保通过安全测评之后才正式上线运行。

4）在应用系统建设与运维过程中，会制订详细的工程实施方案，以此为依据掌控实施过程，减少软件工程实施风险，尽量保证及时应对各种安全事件和紧急事件。

（4）应用系统编码安全性设计

1）应用系统编码过程中应避免过度信任输入的信息，因为这将造成软件漏洞，比如跨站脚本、缓冲区溢出、目录游历、Cache 攻击、SQL 注入等。

2）应用系统编码过程中应避免存在认证、机密性、访问控制、密码、权限管理等方面的安全漏洞。

3）应用系统编码过程中应制定错误与异常处理机制，避免不处理、不完全处理或者过度处理的错误和异常产生的安全风险。

4）应用系统编码过程中应严格把控代码质量，杜绝内存泄漏、双重释放、未释放资源、空指针调用等错误。

5）应用系统编码过程中应重视软件封装，规范软件边界，提高软件健壮性。

8.4.2　可靠性（稳定性）设计

财政数字化转型平台将从系统架构、数据架构、技术措施、设备性能等方面进行可靠性设计，提供简单的维护机制和技术手段，使系统具有较强的免维护能力、一定的故障分析能力、快速容错恢复能力，从而确保系统长时间稳定运行，业务办理成功率达到 100%。在部署系统时，采用冗余备份策略有效地避免单点故障。同时，通过建立完善的数据库双机备份和灾难恢复机制、应用集群和负载均衡机制，最大限度地减少故障的可能性和潜在风险。此外，通过优化系统性能，增强流程处理、数据传输、数据查询等关键业务的并发响应能力，来保证系统能稳定、可靠地运行。

在应用服务接口开发过程中，将根据需要采用先进的开发技术，来保障应用服务具有高稳定性和高性能。

（1）系统架构可靠性设计　采用成熟的系统分层框架和业务组件技术，通过应用中间件的集群部署方式和失效转移机制，来合理分担负载，有效隔离故障与风险，从而保障应用软件系统运行的稳定性、健壮性、容错性，并且在系统正常运行期间不会出现妨碍工作顺利进行的系统错误或意外中止的情况。

（2）数据架构可靠性设计　通过建立完善的数据模型、适度的冗余结构、异常处理机制，并利用数据库双机热备份和定期备份、容灾恢复技术手段，及时进行故障处理和恢复，从而保证系统具有足够的容错性、健壮性，支持 7×24h 不间断地可靠运行。

（3）软硬件的可靠性设计

1）对于关键应用，为了保证系统连续不间断地运行，采用高可靠的群集技术，可以不受节点故障或软硬件升级的影响。

2）在操作系统引导区、在线数据存储、系统软件等方面，利用镜像技术来保证系统的健壮性。

3）采用故障测试与定位技术保障系统正常运行，避免由于操作失误或网络、程序故障而使程序中途退出。

8.4.3　可用性设计

（1）风险防范设计　系统采用冗余备份策略，运用双机备份、灾难恢复、应用集群、负载均衡等技术，有效避免由于单点故障、系统升级而影响整个系统的正常运行。

（2）持续可用设计　通过故障测试、定位技术等持续性运行保障技术措施，最大限度地保证系统不间断可用。

各系统总体的可用率大于 99%，数据库可用率不低于 99%，Web 应用可用率不低于 99%。

8.4.4　灵活性设计

系统按照实际财政数字化转型平台的业务管理要求对应用模型进行抽象与封装，运用工作流技术对业务流程进行灵活配置与管理，并提供多样化信息展现形式，确保系统开发、部署、使用、维护的灵活性。灵活性设计主要包括以下几方面。

（1）统一应用门户的灵活应用　根据实际应用条件，通过合理规划，实现可伸缩的门户结构、灵活的访问接入控制机制，实现各类业务应用的集成整合，满足业务管理的应用要求。

（2）展示形式多样性　在处理各类业务管理信息、统一业务应用门户信息等数据时，系统会根据不同角色、不同级别用户的实际需求，提供多种贴近需求的展示形式。

1）系统提供数据报表、统计图、门户个性化视图等多种展示方式。

2）系统报表具有丰富的展现模式，可灵活选择饼图、柱状图、折线图等多种图形。

（3）业务指标数据的灵活定制和维护　系统提供业务数据指标的维护和定制功能，可根据相关业务工作规范的要求，对业务管理指标体系进行更新或调整。

8.4.5　易用性设计

财政数字化转型平台具备足够的易用性，所建业务应用系统的用户界面风格统一，整体外观风格保持一致，并将复杂性封装在系统内部。系统提供简洁、美观、友好、便捷实用的操作界面，易学易用。

（1）界面易用性　所有业务功能界面的总体风格一致，操作流程一致，并为复杂操作提供向导提示，最大限度地减轻办理人员的操作难度。系统具有上下文相关的详细在线帮助信息，方便用户随时查询。系统提供业务信息门户定制功能，可方便地定制个人所关注的应用门户信息，并提供多种栏目、模板供使用者按需选择。

（2）操作易用性　系统还提供鼠标与键盘相结合的快捷键操作方式，以及弹出式信息采集与查询统计条件设置页面。系统的操作和选择键（热键、菜单选择等）的功能定义保持全系统一致，查询界面可跳页和滚动显示，查询或统计结果和报表可选打印与电子文档存储，可增强信息采集、处理、应用等环节的易用性。

（3）维护管理易用性　系统提供完整、可读性强的系统故障信息，并采用统一、规范的错误代号，便于维护人员重现故障，找出问题起源。同时，系统对角色、流程、报表等维护操作均采用图形化管理界面，其操作和管理简单，易于配置、便于检查，并且在调整数据、图形元素时不会影响操作系统、数据库系统的正常运行。此外，系统提供分层维护模式的系统管理功能，支持系统管理人员按照不同区域、机构、岗位、职责进行权限管理和相关流程、模板的配置。

8.4.6　易维护性设计

（1）易维护性技术设计　财政数字化转型平台采取以下技术来设计系统的维护机制，增强系统的易维护性。

1）系统提供便捷的维护手段，修改和升级过程简单、方便，维护工作简单、容易。系统功能采用 B/S 方式提供，对客户端无要求，实现客户端零维护。

2）系统采用双机备份、灾难恢复、应用集群、负载均衡、故障测试与定位等技术，可增强其免维护能力，保持长时间稳定运行。

3）对系统相关数据存储设备采用增量式、定期备份和移出的灾备手段，从而当系统出现问题时可以将其完整恢复。

4）合理设计系统的异常处理体系和功能，明确划分并管理错误信息的分类、等级、对应处理机制。当系统出现异常时，对系统功能和页面的错误，采用简单易懂的中文提示信息进行说明，从而方便系统运行维护管理人员查找相关原因，并及时解决问题。

（2）易维护性技术实现　通过集中配置软硬件设施，有效降低系统的后续运行维护成本。

由于系统采用分布应用、集中管理的策略进行构建和部署，因此可以通过简单、易学、易用的操作进行系统配置，并对系统的安全性、可靠性、运行性能等方面进行有效监控，从而有效提高系统管理的易维护性。

8.4.7　适应性设计

财政数字化转型平台将按照管理工作的差异和实际需要，在对系统架构、应用逻辑进行统一规范设计，确保业务全面畅通和信息一致的基础上，对个性化需求提供可扩展、可升级的系统平台，以保证业务应用系统对环境变化具有足够的适应性。系统适应性设计主要涉及运行环境、安全控制、数据定制、业务应用接口等方面，其具体设计方案如下。

（1）运行环境的继承性与适应性设计　根据项目建设实际情况和用户网络条件，继承已有软硬件环境和网络环境，并采用集群部署和运行方式，满足用户在不同硬件与软件条件下的业务应用要求。

（2）系统架构的适应性设计　财政数字化转型平台应综合考虑项目单位的内部工作效率、管理分工、安全性的需求，合理设计系统结构，划分功能模块，以满足财政预算管理的业务架构、业务流程、业务规则、数据规范等方面的要求。

（3）安全控制的适应性设计　运用成熟的权限管理构件，按照组织机构职能和业务角色，对系统用户所能访问的功能和数据进行分配，并对访问方式进行合理控制。通过设置功能和数据权限，对不同角色的用户进行系统功能、业务数据、访问范围、访问方式的权限控制，从而使系统具有更强的信息安全访问控制方面的适应性。

（4）数据定制的适应性设计　系统运用参数化设计理念与定制方法，对各类业务数据的管理、查询、统计分析信息进行策略配置、参数设置、界面显示风格定制、数据显示格式定制，确保业务管理信息的适应能力，从而满足实际业务管理工作需要。

（5）业务应用接口的适应性设计　根据财政数字化转型平台所建系统与其他相关系统的数据传输要求，定制相应的通信协议、通信规程、数据传输规范、接口参数、数据格式等。

8.4.8　集成性设计

系统遵循相关集成技术规范进行设计和开发，并通过构建适应于不同运行环境的数据交换中心，在已有的应用集成框架下共享各类业务管理数据，来满足不同规模、档次的业务管理要求。

（1）体系架构和业务构件的集成性设计　采用多层应用体系架构和业务构件技术进行系统整体架构设计，并通过相应的框架和技术，在已有的应用框架下完成对财政数字化转型平台所建业务应用系统与相关业务系统的应用集成。

（2）系统架构和接口的集成性设计　根据业务规模、业务逻辑、业务资源的应用要求，利用系统集成应用架构和集成接口逻辑，对系统架构进行集成，并对相关业务资源进行整合。通过接口集成设计，确保财政数字化转型平台所建业务应用系统可与相关业务系统进行数据交换。

8.4.9　开放性设计

财政数字化转型平台将充分考虑系统的开放性和可移植性，确保实现财政数字化转型平台所建系统与已有各业务系统间进行数据传递和接口集成整合。系统采用 JAVA 语言开发，严格遵循 JAVA EE（J2EE）开发规范，使用 B/S 模式进行构建，并采用 JAVA、WebService、WebPush、Ajax 等技术，基于组件化、构件化模式进行设计和开发。

通过定制完善的集成应用接口，来满足系统升级或与外部系统整合的技术要求，并实现对系统编码、操作系统、数据库系统、应用中间件、应用支撑软件的开放性和兼容性。系统的开放性和兼容性设计主要体现在架构平台、数据规范、业务规则与系统版本等方面，具体设计方案如下。

（1）架构平台的开放性设计　通过设计合理的应用软件架构、分层体系框架，支持多种主流操作系统、数据库、中间件、应用支撑软件，以及在不同运行环境条件下的业务运行平台。

（2）数据规范的开放性设计　利用统一的数据交换标准规范，提供多种格式数据的存储处理与应用接口数据交换机制，满足数据规范开放的应用要求。系统的数据结构完全开放，每个表和字段均有完善的数据规范，支持主流中间件、报表工具、第三方软件产品，并可与其进行无缝集成，从而提供更为丰富的系统功能。

（3）业务规则与系统版本的开放性设计　通过设计扩展接口框架、预留接口逻辑，并运用组件技术来封装可变逻辑规则和技术风险，为系统提供业务逻辑和数据模型的充足扩展能力，保证所建系统与其他相关系统进行无缝连接，实现各类应用的互通互连，并确保不同版本的系统功能与数据具有开放能力，使系统的扩展、升级工作顺利进行。

8.4.10　兼容性（可移植性）设计

通过定制完善的集成应用接口，来满足系统升级或与外部系统整合的技术要求，并实现对系统编码、CPU 选型、操作系统、财政数字化转型平台的兼容性（可移植性）。系统的兼容性（可移植性）设计方案主要包括架构平台、数据格式、系统版本等方面，具体如下。

（1）架构平台的兼容性（可移植性）设计　通过合理设计系统的网络、硬件、应用软件架构及其分层体系框架，整合并兼容不同运行环境条件下的业务运行平台，可方便地进行平台移植。

（2）数据格式的兼容性（可移植性）设计　利用统一的数据交换标准规范，提供多种格式数据的存储处理与应用接口数据交换机制，并可进行数据移植，满足数据兼容（可移植）的应用要求。

（3）系统版本的兼容性（可移植性）设计　确保不同版本的功能与数据完全兼容（可移植），保障系统扩展、升级、移植等工作的顺利进行。

8.4.11　可扩展性设计

系统具有良好的可扩展性，可有效满足技术升级、业务管理拓展、创新发展的实际需要。系统将采用具有一定的开放性和可伸缩性的产品和设计方案，利用规范的数据管理、业务应用集成、统一权限管理等通用服务和组件，使系统功能不断完善、扩充更加方便，从而满足实际需要。

在未来可能的功能和性能需求增加的情况下，对应用系统的选型应充分考虑技术可扩展的需求，应用系统及其功能模块将支持可配置的、易实现的纵向扩展。系统应具有开放、易管理、易维护的数据接口机制；财政数字化转型平台所建系统易于与现有系统进行集成，并充分考虑扩展性，可更好地与其他系统进行集成整合；系统的每个模块接口功能明确，避免出现无用接口和多重功能。

财政数字化转型平台在保持所建系统基本结构和业务逻辑不变的基础上，通过降低各功能模块的耦合度，对财政数字化转型平台所建系统与相关外部系统的应用整合、信息交换与存储进行体系架构和处理逻辑的扩展设计，实现系统的完善和扩充。

系统的可扩展性设计集中体现在以下几方面。

（1）体系架构和业务构件的可扩展性设计　基于开放的系统平台，遵循业界标准，采用多层应用体系架构和业务构件技术进行系统整体架构设计，并通过相应的框架和技术，完成业务系统的应用集成。系统将提供灵活开放的框架与体系架构，以保障对业务数据、业务功能、业务处理规则、工作流程的扩展处理都无需代码级工作，而只需要配置实施即可。

财政数字化转型平台为系统构建一个易于扩展的框架结构，易于系统升级和功能性业务扩展，从而满足未来制度和管理发展需要，这样项目各功能模块、子系统的独立开发以及关联整合就变得非常容易，同样也能为内部信息资源的整合提供平台基础。

（2）系统架构和接口的可扩展性设计　财政数字化转型平台将充分考虑各功能组件

的完善和升级，根据业务规模和业务逻辑的发展变化趋势，预设扩展接口。利用可扩展的系统架构和接口逻辑，开放而灵活的信息交互及开发接口，来提供方便的扩展管理功能。系统提供基于 XML 的业务数据导出功能，可对外提供各种数据接口，与第三方系统基于 Web Service 进行接口应用集成。同时，系统采用模块化结构，并提供开放的接口，便于系统扩容。

（3）应用集成的可扩展性设计　系统支持与主流中间件、报表统计等第三方软件产品的应用集成，为后续相关产品的选型提供更高的灵活性与可扩展性。

第 9 章

财政数字化转型项目管理方案

软件质量控制方案

为了保证软件的质量，必须制订软件质量保证计划，并在整个系统设计开发的各个阶段，都遵循相应的质量规范，具体来说，必须按照以下要求和原则进行设计和开发。

1）成立软件质量保证小组负责质量保证工作，检查和督促项目质量保证计划的实施。

2）在项目开发的各个关键节点（需求分析、设计、测试、推广）进行阶段评审。

3）系统详细设计说明与系统需求规格说明前后一致，具备可追溯性。

4）各软件、模块的功能和接口要求完整、明确。

5）设计方案满足可靠性和安全性要求。

6）对各软件和模块考虑适当的防错和容错设计。

7）确定关键单元安全性，详细分析设计是否符合安全性要求。

8）各类文档需齐全、完备、正确、可追踪，并需要遵循相应的规范，保证文档可验证。

9.1.1 软件可靠性设计

为了保证系统稳定可靠地运行，在系统设计和开发上采用以下手段和措施。

（1）软件开发工程化　开发高可靠性软件必须采用软件工程方法。根据软件工程的理论定义软件开发过程的基本活动，明确过程要求，以便对软件团队工作过程及其软件产品的质量实施有效控制。

（2）简化设计　控制程序的复杂程度是避错设计的一个原则。产品设计越简单越易保证可靠。在系统设计开发中将采用通用和成熟的应用程序框架结构作为程序的主体框架，即开发模式、开发步骤都是相对固定的。另外，在满足功能、保证正确性的前提下，对程序结构、循环转移、使用算法等设计尽量简单化，以提高思维的清晰度，有利于排除隐患和修改错误。

（3）避错设计　在软件的设计中，一方面将对系统的输入进行严格校验，避免错误的输入，另一方面增强软件对错误的预防机制和能力，避免错误的输入和动作对软件可靠性的影响。

（4）标准化设计　在软件的编码阶段，要求开发人员严格按照编程规范（源代码编写格式、函数与变量命名规则、软件标志和注释）编写代码，保证代码的规范性和可读性，减少软件缺陷。

（5）模块化设计　按功能来进行模块化设计，提高模块内聚度，降低耦合度以保持模块独立性，尽量将错误局限在各个模块内部，防止其蔓延，以提高系统的可靠性。

（6）可达性设计　在编码时，在软件源代码中添加适当的调试代码或加入日志信息，来设置检测点或主动检查程序状态，以方便地检验某段程序的运行结果；在错误定位时，能够快速到达可疑代码处，以便直接修改。

（7）落实可靠性设计监督和管理　为了加强软件工程的可靠性管理，对软件开发进行定期的、必要的跟踪和检查，以落实可靠性，保证设计与准则相符。

9.1.2　软件标准化控制

在系统设计开发中，从以下几个方面进行软件的标准化控制。

（1）建立标准化的软件开发流程　依据国标（GB）中对软件开发的要求并参考国际标准组织 ISO 9000 系列标准和能力成熟度模型（CMM）的标准规范，详细规定软件开发过程中各个阶段及每一阶段的任务、要求、交付文件，使全体开发人员能按照规定的工序开展工作，实现软件开发过程的标准化，提高产品质量。

（2）建立标准的软件构件　在开发过程中，尽量使用一些标准的、可重用的软件构件进行组装，满足软件设计开发通用化、系列化、模块化的要求。

（3）建立标准的程序设计规范　在程序设计过程中，将严格按照程序设计规范进行程序设计，这样既保证了软件的质量，又便于软件的维修。

（4）建立标准化的文档编制　按照国标中软件文档要求，编写有关软件项目的过程文档和管理文档，并且要求对所有文档都要进行标准化审查。

9.2　研制任务的组织管理和分工

9.2.1　管理措施

为保证系统开发的顺利进行，在项目的组织管理中，采取如下措施。

（1）建立岗位责任制　将项目管理按职能分为几个组。每个职能组由一名特殊负责人负责完成小组的任务。负责人确保岗位责任制在组内实施，分工后将任务分配给个人。

（2）建立例会制度　职能组每周/月/季组织例会，总结项目目前的进展状况，提出存在的问题，并制订解决方案。

（3）经费管理　本项目的经费依据财科所的有关规定，按照合同和实施方案的经费预算等规定进行严格管理和使用，确保经费合理使用。

9.2.2　项目实施计划

系统按照"总体设计、分阶段建设、分模块开发、分系统组合"的总体开发原则，把整个系统建设分为 4 个阶段，每个阶段都进行相应的项目开发工作，具体如下。

1）第 1 阶段——需求分析。

2）第 2 阶段——设计开发。

3）第 3 阶段——现场实施、试运行。

4）第 4 阶段——投产、培训、运行。

9.2.3　成果形式

系统完成后，交付成果如下。

（1）软件清单

1）数据采集程序一套（安装程序、源代码）。

2）相关数据处理脚本。

3）全文检索模块前后端代码。

（2）文档资料　提供的结项文档清单见表 9-1。

表 9-1　结项文档清单

序号	交付类型	交付物
1	项目管理	《项目实施计划》《项目总结汇报》《项目验收报告》《项目工作周报》《项目会议纪要》《系统培训文档》
2	需求设计	《系统需求说明书》
3	系统设计	《系统详细设计说明书》《数据库详细设计》
4	环境部署	《系统环境安装部署手册》
5	系统开发	系统源代码、可执行文件
6	系统测试	《系统测试方案》《系统测试用例及结果记录》《系统测试报告》
7	系统上线	《用户手册》《系统运维手册》

中英文对照

（以文中出现顺序排序）

Flink：针对流数据和批数据的分布式处理引擎

HBase：开源的非关系型分布式数据库

Kafka：分布式的，基于发布/订阅的消息系统

Spark：基于内存计算的大数据并行计算框架

Sqoop：进行数据传递的开源工具

Hadoop：由 Apache 基金会开发的分布式系统基础架构

Storm：分布式的、容错的实时计算系统

MySQL：关系型数据库管理系统

XML：Extensible Markup Language，可扩展标记语言

Web：World Wide Web，全球广域网

MVC：Model View Controller，模型视图控制器

SOA：Service-Oriented Architecture，面向服务的体系结构

J2EE：Java 2 Platform Enterprise Edition，针对企业级分布式应用的计算环境

JCA：Java Connector Architecture，Java 连接器架构

JMS：Java Message Service，Java 消息服务

JDBC：Java Database Connectivity，Java 数据库连接

EJB：Enterprise JavaBean，企业级的 Java 语言写成的可重用组件

Servlet：服务连接器

JTA：Java Transaction API，Java 事务应用编程接口

Security：网络安全技术及其协议

SSO：Single Sign On，单点登录

JSP：Java Server Page，建立动态网页的技术

HTTP：Hyper Text Transfer Protocol，超文本传输协议

UDDI：Universal Description, Discovery, and Integration，统一描述、发现和集成

SOAP：Simple Object Access Protocol，简单对象访问协议

EBXML：Electronic Business using eXtensible Markup Language，电子商务全球化标准

WSDL：Web Services Description Language，网络服务描述语言

Web Service：互联网网络服务

DBMS：Database Management System，数据库管理系统

Ws-Security：网络服务安全

HTTPS：Hyper Text Transfer Protocol over Secure Socket Layer，超文本传输安全协议

CPU：Central Processing Unit，中央处理器

Java Servlet：Java 服务连接器

HTML：Hyper Text Markup Language，超文本标记语言

BI：Business Intelligence，商业智能

Oracle：甲骨文公司，此处指数据库

SQL Server：关系数据库管理系统

SQL：Structured Query Language，结构化查询语言

RAID1：独立磁盘冗余阵列

RAID5：分布式奇偶校验的独立磁盘结构

Power Designer：一种对管理信息系统进行分析设计的工具集

Navicat：一套快速、可靠并价格相当便宜的数据库管理工具

ETL：Extract-Transform-Load，抽取、转换、加载

ODS：Origin Data Source，原始数据源

DW：Data WareHouse，数据仓库

DM：Data Mart，数据集市

CRM：Customer Relationship Management，客户关系管理

OLAP：Online Analytical Processing，联机分析处理

EIS：Executive Information System，主管信息系统

KPI：Key Performance Indicators，关键绩效指标

GDP：Gross Domestic Product，国内生产总值

CPI：Consumer Price Index，居民消费价格指数

PPI：Producer Price Index，生产价格指数

CEP：Complex Event Processing，复合事件处理

GP：Greenplum，面向数据仓库应用的关系型数据库

MD5：一种消息加密算法

B/S：Browser/Server，浏览器和服务器

CA：Certificate Authority，数字证书认证机构

参 考 文 献

[1]《地方财政研究》编辑部. 财政信息化、大数据挖掘与财政治理 [J]. 地方财政研究, 2017 (12): 2.

[2] 胡雯清, 郝方方. 大数据时代企业财务数据可视化的应用现状与未来趋势分析 [J]. 中国市场, 2020 (15): 187, 195.

[3] 高雅. 浅析财务数据可视化在财务管理中的作用 [J]. 西部皮革, 2020, 42 (8): 51-52.

[4] 李明欣. 大数据时代财政信息化转型路径 [J]. 中国信息界, 2019 (2): 78-80.

[5] 潘金. 财政大数据安全保存的实践路径——以浙江省财政厅为例 [J]. 浙江档案, 2016 (1): 58.

[6] 孙华强, 李斌, 陈雷. 财政大数据的建设与应用研究 [J]. 新理财: 政府理财, 2020 (5): 49.

[7] 张性军. 财政大数据建设的几点思考 [J]. 纳税, 2020, 14 (3): 135.

[8] 陈泉倩. 财政大数据审计思路与方法探究 [J]. 审计月刊, 2016 (12): 12-14.

[9] 刘小钊, 董寒光, 孙军宪. 财政大数据应用的对策 [J]. 经济研究参考, 2017 (6): 12-13.

[10] 陈建华, 曾春莲. 地方财政治理中大数据运用研究——以地方政府内部控制为例 [J]. 北京行政学院学报, 2019 (6): 47-54.

[11] 肖忠良, 刘军. 构建财政财务管理"大数据"监督平台的路径研究 [J]. 财政监督, 2019 (24): 58-65.

[12] 陈少强, 向燕晶. 运用财政大数据提升国家治理能力 [J]. 财政科学, 2019 (7): 75-83.

[13] 王竹青, 孙丽华. 企业财务数据化的建设与实践 [J]. 商业会计, 2019 (20): 89-92.

[14] 古友斌. 财政系统网络信息安全建设探析 [J]. 网络安全技术与应用, 2020 (3): 106-107.

[15] 郑玉凤, 马媛媛. 省级预算单位财政信息管理系统运行存在的问题及解决对策 [J]. 农村经济与科技, 2020, 31 (1): 160-161.

[16] 曾军梅, 马明. 基于经济责任审计数字化平台的设计研究 [J]. 新财经, 2019 (12): 143-144.

[17] 姬鸿图. 财政业务一体化管理平台建设的分析 [J]. 中国经贸, 2018 (10): 118-119.

[18] 王智. 完善财政信息化平台建设和运行机制充分提升财政资金运行与监管效率 [J]. 财会学习, 2019 (8): 193-194.

[19] 梁日强. 财政预算管理转型路径探究 [J]. 纳税, 2020, 14 (4): 80-81.

[20] 陆菁, 刘渊, 张晓婷, 等. 基于用户体验的数据可视化模型研究 [J]. 包装工程, 2016, 37 (2): 52-56.

[21] 杨飞. 图形数据库在财政审计中的具体应用 [J]. 中国审计, 2019 (20): 34-35.

[22] 高仲劲. 大数据时代下公共数据的公物性及实现机制 [J]. 河南财政税务高等专科学校学报, 2018, 32 (5): 64-69.

[23] 陈通, 周晓辉. 基于 BP 神经网络的深层感知器预测模型 [J]. 计算机与数字工程, 2019, 47 (12): 2978-2981, 3009.

[24] 裴文华, 成维一. 大数据环境下财政审计数据分析研究 [J]. 审计研究, 2017 (3): 53-58.

[25] 林晓壁. 关于财政一体化信息系统建设的思考 [J]. 电子技术与软件工程, 2017 (14): 197.

[26] 刘文卿. 新时代对财政大数据应用的思考 [J]. 地方财政研究, 2017 (12): 10-14.

[27] 毕瑞祥. 基于大数据的大财政系统建设研究 [J]. 地方财政研究, 2017 (12): 15-20.

[28] 郭鹏. 搭建财政大数据应用平台助力"智慧财政"建设 [J]. 财政科学, 2019 (2): 134-138.

[29] 毕瑞祥. 财政大数据建设策略研究 [J]. 中国管理信息化, 2019, 22 (5): 131-133.

[30] 李丽虹, 李淼焱. 财政大数据标准体系下全国财政预算收支运行监控与一体化综合分析系统设计 [J]. 行政事业资产与财政, 2019 (5): 21, 34-36.

[31] 宁波市财政局. 深化平台应用　提升财政数据综合分析利用水平 [J]. 中国财政, 2011 (9): 36-37.

[32] 施麟. 软件定义重构省级财政数据中心 [J]. 江苏科技信息, 2014 (6): 27-28.

[33] 乔欣. 财政数据下的秘密 [J]. 新理财：政府理财, 2015 (4): 64-66.

[34] 张向东. 财政数据化联网审计经验谈 [J]. 审计月刊, 2017 (4): 31-33.

[35] 郝福锦, 王曙. 大智移云背景下地方财政数据治理的转型研究 [J]. 常州工学院学报, 2019, 32 (2): 40-42, 76.

[36] 郝福锦, 崔吉. 财政数据治理现状及优化路径分析 [J]. 常州信息职业技术学院学报, 2019, 18 (4): 83-85.

[37] 李媛媛. 计算机审计技术在财政系统中的应用研究 [D]. 广州：广东工业大学, 2007.

[38] 叶席军. 财政大数据审计技术研究及实践 [D]. 成都：电子科技大学, 2019.

[39] 陈莉. 财政联网审计系统的设计与集成 [D]. 南京：南京邮电大学, 2017.

[40] 李文婷. 财政审计数据挖掘平台的设计与构建 [D]. 南京：南京邮电大学, 2018.

[41] 吴升. 大数据平台中数据分析工具的设计与实现 [D]. 南京：东南大学, 2015.

[42] 高卉. 基于联网审计的政府审计数字化平台的设计与研究 [D]. 南京：南京邮电大学, 2018.

[43] 龚峻峰. 财政大平台环境下的财政预算执行审计初探 [J]. 审计与理财, 2014 (1): 18-20.

[44] 许文鹏, 李胜广, 赵士伟, 等. 基于 Hadoop 框架的大数据平台探析 [J]. 中国安防, 2020 (4): 38-45.

[45] 任佳, 张建军, 王晗, 等. 公共卫生大数据平台架构 [J]. 中国科技信息, 2020 (6): 111-112.